雪洞

喜马拉雅山上的悟道历程

[英] 维琪 · 麦肯基◎著　　莲心◎译

Gave In The Snow

南方出版社

图书在版编目（CIP）数据

雪洞：喜马拉雅山上的悟道历程／（英）麦肯基著；莲心译.
—海口：南方出版社，2009.10（2020.12重印）
ISBN 978－7－80760－557－7

Ⅰ.雪… Ⅱ.麦… Ⅲ.佛教－通俗读物 Ⅳ.
DB94－49

中国版本图书馆CIP数据核字（2009）第183177号

书　　名：雪洞：喜马拉雅山上的悟道历程（xuě dòng xǐ mǎ lā yǎ shānshàng de wù dào lì chéng）
作　　者：[英] 维琪·麦肯基
译　　者：莲　心
出版发行：南方出版社
地　　址：海南省海口市和平大道70号
邮　　编：570208
电　　话：（0898）66160822
传　　真：（0898）66160830
经　　销：新华书店
印　　刷：三河市北燕印装有限公司
开　　本：700×1000　1/16
印　　张：17
字　　数：170千字
版　　次：2020年12月第1版第6次印刷
书　　号：ISBN 978－7－80760－557－7
定　　价：29.80元

丹津·巴默所选择的修炼之路是最艰难也是最寂寞的，但她以最虔诚的心来追求人类所能达到的最高层次的精神升华。

少女时代的丹津·巴默（中央站立者）摄于伦敦家乡。当时她就很确定一件事，就是不想结婚，她希望自己一生能够独立生活。

丹津·巴默于1973年在香港接受比丘尼具足戒，她是最早获得受戒的西方女性之一。

丹津·巴默于1964年年初出家，时年21岁。她在寄给母亲的这张照片后面写道：“看，我非常健康。我笑着，你就会知道我也很快乐。”

丹津·巴默的母亲与周甲仁波切（左一）、八世坎初仁波切（左二）摄于1966年。

斐达·贝蒂于达胡西市创办的年轻喇嘛教育学校，这是丹津·巴默于1964年到达印度时的第一站。

一群年轻的喇嘛，丹津·巴默教授他们英文。

丹津·巴默修炼十
经书、佛像。很多
人，而且也是一个

丹津·巴默的一些僧侣朋友，她在拉乎尔的塔尤寺院与他们相识。

塔尤寺院的比丘与比丘尼住的房屋。

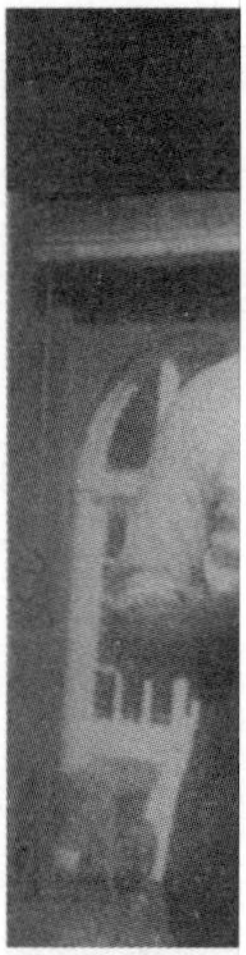

丹津·巴默的
者、作家约翰

丹津·巴默与周甲仁波切摄于1997年，他们身后是已故的八世坎初仁波切画像。

丹津·巴默与九世坎初仁波切摄于1997年。

丹津·巴默在洞穴外建造了这座佛塔，以表示她对佛法的虔敬之心。

丹津·巴默于洞穴外开发的小花园，她在里面种上花卉与蔬菜。

春天的融雪使得洞穴格外潮湿，丹津·巴默正在晒干自己的东西。直立在洞穴左方的静坐垫，是丹津·巴默十二年来的“床铺”。

丹津·巴默洞穴外的风景。

目录

雪洞

——喜马拉雅山上的悟道历程

1

相逢

她就是丹津·巴默，一个英国女子，

她在喜马拉雅山海拔四千多米高的洞穴中进行了十二年的冥思。在这十二年中的大部分时间里，她完全孤身一人。

回首往事，我是在一个颇为特殊的地方遇见丹津·巴默的，那是在仲夏时节的意大利小镇帕麦亚。帕麦亚坐落在雄伟壮丽的托斯卡纳山间，距离比萨大约一小时车程。下午晚些时候，干热的芬芳、松针的气息弥漫在空气中。一栋曾经豪华的大厦，赭石色的墙壁、高耸的拱门、城堡似的屋顶，在八月阳光的照射下都散发出微光，只有蝉鸣声将城镇午睡的沉寂轻轻惊扰。几小时后，这个小镇即将醒来，迎接夜晚的到来。那些出售意大利腊肠、饼干与拖鞋的小店也将开门。老人们将聚集在广场上讨论市政商业，以及地方党派的事务。置身于这种能够引发人们愉悦感、纯粹意大利式的小镇气息中，你无论如何都想象不到丹津·巴默会同样生活在这里。

第一次看见丹津·巴默时，她正站在广场上，灌木树丛的阴影投射在她身上，她看上去已近中年，有些虚弱，肤色白皙，肩背浑圆。她身着女喇嘛的栗色和金色的袍服，头发按传统的发式修剪得很短。一群女子站在她四周。稍微一瞥，你就会发现她们的交流十分愉快，气氛也十分亲密。这种场景是会引起人们注意的，但对于为时一个月的佛教冥思课程来说，这实在是一件平常的事。

我与其他来自世界各地的大约五十名妇女聚集在此地，目的是参加这项课程。自从一九七六年，我在尼泊尔遇见了一些喇嘛后，发现他们传达的讯息是如此丰富，这种冥思活动就已经成为我人生中愉快的部分，而且很有规律。我们长时间地盘着腿，倾听佛陀的智慧并进入冥思阶段。现在是休息时间了，大家自由活泼地讨论着。

深夜，我们在星光下吃晚餐。当我正用大块的面包蘸吸着橄榄油时，身边的一位男士将我的注意力导向了丹津·巴默。丹津·巴默坐在一张桌子旁，一群女子依然围坐在她的身边。她非常热情地与大家交谈着。

这位男士告诉我："她就是丹津·巴默，一个英国女子，她在喜马拉雅山海拔四千多米高的洞穴中进行了十二年的冥思。在这十二年中的大部分时间里，她完全孤身一人。她刚刚从洞穴中出来。"

男士的话引起了我的注意，让我更加注目凝视她了。

几年来，我阅读了许多这类人物的传记。那些来自印度与中国的伟大瑜伽师，他们舍弃了所有世俗的享乐，退隐到一些遥远的洞穴中，成年累月地进行着深入的冥思活动。他们是灵修的巨匠，他们选择的道路既是最艰难的也是最寂寞的。他们身上披着简朴的袍服，甚至仅仅围裹着一条单薄的缠腰布。他们面对着最严酷的生存条件——呼啸的狂风、肆虐的风雪、冰窖般的寒冷等，他们的身体变得十分虚弱，头发长披至腰部。他们意外遭遇到的野兽与强盗，会全然不顾他们的圣洁，会让他们血肉模糊，然后让他们自生自灭。

但这些苦远远比不上他们必须面对自己内心生起的种种妄念。他们与日常生活中能使他们分心的事物完全隔开，所有潜藏在表面下的魔鬼，在修行时会全部爬出来折磨他们。他们必须克服愤怒、妄想、渴望、贪婪等种种人类的恶习，必须坚持下去才能获得成功。他们追寻着最辉煌的成果——“开悟”——一颗能彻底打开、包容宇宙实相的心。原来所有不可知的事物，现在都知晓了，从而达到一种全知的境界。极度的喜悦感紧随其后，难以想象的平和也随之而来。这是人类所能达到的最高层次的精神升华。

我看过这样的故事，但我不曾想过自己真正会碰见这样一个人，而且是在意大利的帕麦亚。她好像是从神话和传说中走出来的人物，如同只是刚刚购物完毕从一辆公共汽车上走下来一样，现在正轻松自如地坐在我们中间，似乎看不出她做过什么了不起的大事业。她也不是一般传说中的东方瑜伽大师，而是一位现代西方人。更令人惊讶万分的是，她是一位女性。

无数个疑问出现在我的脑海里。是什么原因让一位当代英国女性，如同上古的穴居野人一般，只身前往并居住在山边一个潮湿、黑暗的洞穴之中呢？她是如何在冰彻骨髓的寒冷中生存下来的？她又是如何吃饭、洗澡、睡觉、打电话的？这十二年来，没有人类的温暖陪伴，她是如何生存的？她从冥思中获得了什么？最令人好奇的是，她从极端冷寂和孤独的雪洞中走出来后，又是如何变得与鸡尾酒会中喜爱社交的女子一样的呢？

然而，在这一连串的疑问之后，一种敬仰与敬畏的感觉油然而生。丹津·巴默经历了一场我永远无法完成的探险。我与她不同，我停留在四周的冥思课程的安全范围内，我在课程结束后可以回到自己的正常生活中。然而她对真理的渴求却能引领她超越四周的冥思课程。根据我可怜的、有限的经验，闭关需要一种无止境的艰苦努力，需要夜以继日地不断重复相同的祷辞、咒语、观想和冥思。你将置身在相同的场所，坐在相同地方的相同坐垫上，会见相同的人。对于那些生活在刺激和快速变化中的人们来说，这种选择如同一种酷刑。

第二天，我在花园中又看见了丹津·巴默。她独自坐在那儿，我发现这是一次可以接近她的机会。我问她是否介意我和她坐一会儿，她愉快地冲我笑着，并用她那双清澈的蓝色眼睛注视着我。她的眼里充满了宁静、善意，以及欢乐，但她最独特的气质还是那份显而易见、能让人感受到的心灵的光芒。她实际上很有魅力、很有吸引力。她五官鲜明，有着一只长而突出的鼻子，一对小而精致的耳朵。或许是她的一头短发、脸上又没有化妆的原因，男性与女性的两种能量融合于她一身，就好像她体内还居住着一位敏感的男性。

我们开始闲聊。她告诉我，她现在住在阿西希一位朋友家的花园小屋中。她非常喜欢这个地方。因为她在洞穴里的时间已经到了尽头，她被召唤前来此地，到此地似乎是一件顺其自然的事情。她一九六四年出家，当时只有二十一岁，而那时我们大部分人甚至还没有听说过藏传佛教。她因此可能是西方世界中最资深的藏传女喇嘛。三十多年来，她过着清修的生活，在这段漫长的时光中，她可曾希望有伴侣、婚姻或是孩子？

“那将是一场灾难，那不是我要走的道路。”她的头向后一扬，笑着说。我没想到在洞穴里住了十二年后，她还是这般生动活泼。

我问她是什么原因使她决定到洞穴中闭关的。她回答：“我的生命如同一条河流，它会很稳定地朝一个方向流去。”

她停顿了一下，继续说：“生命的目的是觉知我们的心灵本质。为了达到这个目的，人必须离家修行以获得灵修的果实。否则，你无法为他人服务。”

那有什么东西是她所失去的呢？她平静地回答：“我想念我的喇嘛老师。除此之外，一无所失。我在洞穴中生活得非常快乐，我不缺少任何东西。”

我继续问她，在洞穴中修行是否是一种逃避？逃离日常生活的考验？这是生活在尘世中的人们对隐士生活最常提出的问题。

她快如闪电般地回答：“这绝不是一种逃避。我认为世俗生活才是一种逃避。当人们遇到问题时，他会打开电视机、打电话找朋友、出去喝咖啡。但在洞穴里，你没有任何人可以倾诉，只能面对自己。当你遭遇困境时，你别无选择，只能面对它，最后从另一个方向走出来。在洞穴中，你面对自己最粗糙、最原始的内在本质，你必须找出应对解决的方法。”她的逻辑是无法反驳的。

我们的这次会面是很值得纪念的。我远距离地观察丹津·巴默，发现她非常开放，并且和蔼可亲。她非常健谈，语言表达非常清晰。她的思想深刻透彻，同时她也具备脚踏实地的特质，她打破了所有“冥思者都是与世隔绝的”的腐朽观念。

冥思课程结束后，我以为我们也许不会再相遇。然而几个月后的一天，我正读着一份佛教杂志，发现里面有一篇采访她的文章。读到文章一半时，我发现文章中有一小行字：丹津·巴默曾经说过：“我发愿以女人之身成佛，不论它需要经过多少世生命轮回。”

我停了下来，丹津·巴默的话像电流一样击中了我，让我震惊。世界上虽然有过许多取得巨大成就的女性神秘人物，以及女圣人，但过去几千年来，获得完全证悟的还都是男性。因为某种原因，女人的身体被认为是不适合或者不配容纳最神圣的事物的。如今，丹津·巴默公开发表了宣言，她将彻底颠覆人们的这种想法。这真是一种大胆的、勇敢的宣言，甚至是义无反顾的。对一般人来说，这种宣言不过只是一种夸口的言辞或者发愿而已。但丹津·巴默却不是，她自始至终坚持努力着，她拥有了与众不同的冥思经验。如果今生完不成，或许在来世或再下一世，她能够完成这个发愿。

我的希望重新燃起，这是我等待多年的一件事情。在我最初求佛时，就有人告诉我，无论男女，所有人都拥有觉悟的种子。佛性如同珍贵的宝珠，在我们每个人的心中都会闪烁。我们需要的只是将它开发出来，这纯粹是我们自己的责任。这种哲理对于现代独立自主的女性来说是多么富有吸引力啊。喇嘛们生生世世不断地勤勉修行，如果我们走上这条道路，终将能获得宝珠般的成果。

但这些都是理论而已。事实上，世界上杰出的灵修女性寥若晨星。是的，人们创作了许多女身的佛陀图片，我们对着各式各样美好的、理想中的女性神祇进行礼拜。但现实中，我们到哪里去寻找生动的事例呢？我越是不断地寻找，越是找不到女性在灵修中的未来。

教导我们佛法的喇嘛都是男性；那些得到证悟、受人敬仰的转世活佛都是男性；寺院中各派系的出家人都是男性；那些来到西方传播佛法的上师们都是男性。女性在修行过程中，究竟扮演了什么样的角色呢？公平地说，不只藏传佛教中充满了男性，日本、泰国、斯里兰卡、缅甸等南传佛教也都是如此。甚至在我的家乡，情况也依然如此。基督教强调男神，并且对女性传教士十分畏惧。女性要到哪里才会寻觅到作为榜样的女上师呢？对于什么是女性的灵性，我们没有概念，除了佛陀曾经告诉我们的女性也可以步入心灵进化的阶梯，获得证悟之外，我们缺乏女性获得开悟的真实证据。对于那些坐在喇嘛脚下渴望寻道的女性修行者来说，这实在是令人沮丧的一件事情。

我们是多么急切地盼望不可能变成可能啊！我们是多么需要得到证悟的女修行者来引领我们。现在这一时刻到了。

二十世纪，我们看到了女性在各个领域中都获得了稳定的、必然的解放。如今，进入了二十一世纪，最后一波的女性解放即将开始。一旦发生，它同时将是最伟大的女性解放。女性最终的解放必定是一位女性佛陀，一位全知的觉醒者的产生。丹津·巴默已经完成了在喜马拉雅山洞穴中十二年的闭关冥思，她如今发出的伟大誓愿，与宇宙的进程冥冥中暗合在一起。

我决定再度寻访她。现在，我有更多的事情想探索。她究竟是谁？她从何处来？她在洞穴中学到了什么？是什么因素促使她发下这份誓愿？她是否愿意成为本书的主人公？不情愿，丹津·巴默非常不情愿地同意了。她同意的唯一理由只是希望她的行为对其他女性有所启发，并对她目前正在进行的使女性得到开悟的一项计划有所帮助。于是，随后的一年里，我追随着她到达新加坡、伦敦、西雅图、加州、印度等地。她以一种非常特殊的方式生活着。渐渐地，我将她与众不同的——有些人或许认为是最不自然的——一种生活，一段一段地串联了起来。我找那些曾经认识她的人交谈，拜访那些她曾经生活过的核心地方。甚至，我不辞辛苦地找到她闭关的洞穴。我登上那个空气稀薄的高纬度的地方，并且目睹了她曾居住的地方。我对于她所完成的事业有了全新的评价。

接下来就是丹津·巴默的传奇，一个女人寻求证悟的故事。

2

困惑

丹津·巴默的心中始终埋藏着一颗种子，这颗种子将带领她去追寻与众不同的生活。她的经验证明了人的本性能够超越生长的环境。

我们不能把丹津·巴默出生、成长的环境与她将来要进入的世界截然分开。

丹津·巴默出生在赫特福德的沃莫公园，一个高贵之地。更准确地说，她出生在图书馆里，但这并不意味着她拥有高贵的血统。只因她出生的那天，一九四三年六月三十日，希特勒的德国空军部队正疯狂地空袭伦敦，伦敦的妇产医院撤退到比较安全的临近市县。丹津·巴默的出生比实际预产期晚，所以必须催生。当她来到这个世界时，竟然没有眼睫毛、指甲、头发，就连她的母亲都说，她长得实在太丑了。虽然这个有点早衰的孩子的长相实在不敢恭维，她的母亲却对女儿充满了无数浪漫的幻想，立刻为她取名为黛安娜。这是一首当时流行的法国歌曲的名字，这首歌激发了她母亲的想象，但她母亲强调名字的发音必须以法文狄亚妮为准。所以她一直叫作狄亚妮，直到二十一年以后，她出家获得了第二个名字——丹津·巴默。

丹津·巴默来到尘世的前二十年，一直居住在一间鱼店的楼上。鱼店的地址是老贝斯纳绿地街七十二号，在伦敦东区中心地带老罗马路的转弯处。这个地方距离使丹津·巴默的灵魂能够自由翱翔、白雪覆盖的喜马拉雅山非常遥远。如今，老贝斯纳绿地街七十二号已经不存在了。贝斯纳绿地拥有开阔的广场、狭窄的街巷，与大城市的距离又很近，恐怕不久将变成现代城区。当丹津·巴默出生后，放眼望去这个城市，只能看到被德军空袭后的满地瓦砾。直到她长大后，她印象中的贝斯纳绿地一直都是如此。这是个拥挤的、乌黑的、烟雾弥漫的地方，看不见一棵树木。在她的记忆中，她从来不觉得自己属于这个地方。她说："我强烈地感觉到我生错了地方。甚至在今天，我从来都不觉得生活在英国是'正确'的。"

她的父亲乔治·佩里是一位鱼贩子，经营着楼下的鱼店。乔治身材矮小，年长妻子二十岁，喜欢自我享受。他经常赌马、赛狗、听音乐会。有时候，他像一个国王，会分场合穿着镶有珍珠衣扣的服装参加宴会。第一次世界大战中，乔治遭受毒气侵袭，感染上非常严重的支气管炎。鱼店里长年寒冷阴湿，对他的身体没有什么好处。乔治五十七岁那年去世，而当时丹津·巴默只有两岁。

丹津·巴默说："令人悲哀的是，我从来没有机会认识我的父亲。我只是听别人说，他是个非常好的人。我的母亲比他年轻许多，她喜欢找舞伴出去跳舞，我的父亲总是鼓励她参加。当母亲回家时，父亲已经将晚餐做好放在桌上等她。我父亲在第一次婚姻中有了两个儿子，因此他非常渴望我的来临。但对我来说，他与我无关。”

丹津·巴默由母亲照顾长大。母亲名叫李·佩里，一直是家庭主妇，抚养丹津·巴默与大她六岁的哥哥莫文。李是一位不同凡响的女性，她个性强、思想开明。无论在什么困难面前，她都能乐观向上。最重要的是，她是一位追求内心生活的人，她在有生之年坚定不移地支持丹津·巴默在信仰之路上做出的各种努力。母女俩关系非常亲密。

丹津·巴默说："我的母亲太伟大了。我非常崇拜她。她努力工作，对新思想总是有着浓厚的兴趣。她是一个心灵自由的人。当她遇见我父亲时，父亲与前妻虽然分居，但还没有离婚。我的母亲搬去和父亲同住，并生下两个孩子。在当时那个年代，这是十分不寻常的事情。但当父亲通过法律结束上一段婚姻后，母亲还是没有嫁给他，因为她已经习惯独立生活了。”

丹津·巴默生长在典型的英国环境中。她身边都是“真正”的伦敦人。他们以足智多谋、善于雄辩而著称。最近，伦敦人又赢得了英国人“大脑”的新名声。在伦敦东区，气氛是十分友善的。丹津·巴默认识邻居中的每一个人，她的哈利叔叔是对面街区的一个酒吧的老板。这条街上充满了生活乐趣，被轰炸过的场地成了孩子们最喜爱的探险玩乐地区。

即便如此，在丹津·巴默的心中却始终埋藏着一颗种子，这颗种子将带领她去追寻与众不同的生活。她的经验证明了人的本性能够超越生长的环境。

丹津·巴默自幼就是内省、遁世的性格。她有不少朋友，却从不带他们到家里玩。她说："我对于交朋友没有兴趣。我知道自己在人生中还有许多其他的事情必须去做。我非常喜欢独处，我只要坐着读书就会觉得很快乐。我记得，那时老师不断地借书给我，但老师对其他的孩子并没有这么做。"当时，伦敦东区并没有东方人的社区，她的家人对东方也一点兴趣都没有，但丹津·巴默就是被东方所吸引。她说："我一个人可以花上几个小时，画穿着飘逸和服的日本女人。直到今天，我还能看见我画在和服上的复杂花纹。位于伦敦西区的第一家中国餐厅开业后，我央求母亲带我去，在那儿我可以看见一些东方面孔。"除此之外，她对修女有一种难以解释的向往，尤其是冥思活动。她说："我喜欢那种进入闭关后永远不再出来，终生都在祈祷的修女。我深深地被那种闭关生活所吸引，一旦想起这种生活方式，我就情不自禁地向往。有一天，我走进家附近的一间店铺，店主问我长大后想做什么。我毫不犹豫地回答：'我要做一名修女。'店主笑了，她说我长大后将会改变主意。我心中想着'你错了'。问题是，当时我并不知道自己将要成为哪一种修女。"

她还有一些不寻常之事，正如她始终觉得自己生错了国家一样，她同时觉得生成女人也是错误的。她解释说："我对于生为女人感到十分迷惑，我总是感觉哪里不对劲。大人们经常跟我说当你长大后，身体会发生改变。我心想：'这太好了，我将变回男人了。'"丹津·巴默与生俱来的这些谜团，在后来将得到解答。

如果说丹津·巴默具有与生俱来适合在洞穴中独自修行

的性格，那么她的身体也再适合不过了。她年少时经常生病，生病使她变得十分虚弱。医生和老师都劝告她，毕业后一定不要选择太消耗体力的工作。她的脊椎骨尾端天生向内弯曲，向左倾斜，导致她的整个脊柱失去了平衡。她为了平衡需要弯起背来，直到今天，她看上去仍有点驼背。这种身体状况让人非常痛苦，她的脊椎骨很脆弱，并且容易造成腰痛。

在她小时候，她必须一周去医院做三次物理治疗，但是也没有什么作用，后来瑜伽帮助了她。她出生几个月后就患过脊髓膜炎，好了没多久就又复发，之后被紧急送往医院治疗。父母只能隔着玻璃窗看望她。母亲注视着躺在那里的她，她的身体比一般婴儿都瘦小，一根根肋骨好像一排小棍子，一双蓝眼睛睁得大大的。母亲心疼地说："她快要死了。"乔治说："不，她不会死。看她那蓝眼睛，她渴望活下去！"

后来，她又得了一种让医生非常困惑的神秘怪病。她在著名的大奥蒙德街的儿童医院住了几个月，休学了很久。还有一次，她同样是在这所医院住了八个月。她非常虚弱，学校命令她定期到海边休养，由公家出钱。

丹津·巴默说："没有人知道我患的是什么病。一年当中，我总会发两三次高烧，让我一点力气都没有，并且严重头疼，我病得很厉害。私下里，我认为这是一种业力所致。因为我年长后，这种病自然而然地消失了。当我在洞穴里修炼时，从来没有得过重病。"她继续说："由于发高烧，我有过许多次灵魂出窍的经验。我的灵魂在居住地附近四处飘游，因为我当时年纪很小，没办法离家太远，而且我也不想迷路。

我只是在街上漫游一番，飘游在所有东西之上，让我从上面望着下面的人，从而改变小孩子仰望人的习惯。在我十几岁的时候，我再次尝试过灵魂出窍，但这次让我有点害怕，之后就再也没有这种能力了。”

年幼时她还发生过一些意外事件，给她的生活也带来特别的影响。比如，有一天她在家里玩球，她穿的尼龙裙扫到了电炉子。几秒钟之内，她就变成了一团火球。幸好母亲当天生病了，没有去鱼店而是留在家里。小丹津·巴默尖叫着冲进母亲的房间，母亲从床上跳起来，将她包裹在毯子里面，并且赶紧送她去医院。

她说：“令人吃惊的是，虽然我的背部鲜血淋漓，但我一点都不觉得疼。我记得自己坐着轮椅被推到医院的走廊上，医生握着我的手，说我是多么勇敢不哭的女孩。我在医院里住了很长时间，好像有几个世纪之久，我身体表面的皮肤脱落了，但身上没有留下任何疤痕。我长大后，母亲告诉我，当她看见我被火焰吞噬的时候，她曾经急切地祈祷过，希望她来承受我的痛苦。我听了觉得很有意思，因为当时我已听说佛教中有一种特殊的修炼方法，可以观想他人的所有痛苦，并消除他们的不幸。在深入的观想中，你可以将自己的健康与福祉都给予他人。我的母亲没通过学习，就掌握到这项精深的修炼方法了啊！而且它还真的生效了。她告诉我说，虽然她做了非常虔诚的祷告，但她一点都没有承受到我的灼伤疼痛。这真是太无法想象了！当时她自己也处于极大的痛苦之中，但她还是这样做了。”

丹津·巴默说："实际上，我觉得自己是为了母亲而来到这个世界上的。"她平静地表示，她对轮回的信仰来自遗传。因为一些特殊的目的，她选择了这个西方家庭，以女人的身份来到尘世上。

当她身体健康时，伦敦东区的生活是很正常的，绝对是一种没有任何坎坷的岁月。她与哥哥莫文共用一个卧室，每周洗一次澡，家里非常缺钱。她说："父亲去世后，母亲接管鱼店，她完全不知道经营鱼店的父亲是个赌马的人。我们家后来欠了许多钱，母亲必须加倍工作才能维持我们的生活。"

虽然她的家庭经济拮据，而且又失去了父亲这个经济支柱，但她仍旧过着快乐、正常的童年生活。她后来进入闭关生活能够维持一种良好的状况，应该说与她快乐的童年生活有很大关系。她只要花一分钱就能乘坐巴士到公园或博物馆，偶尔可以免费看迪士尼的电影。除此之外，有一项娱乐活动是被禁止的，那就是鱼店的大烟囱。在后院，有两个用砖头砌成的巨大烟囱，上面放置着架子，用有黑焦油的烟来熏鳕鱼与鲱鱼。这两个烟囱虽然很危险，但十分有趣。

她说："真的，我们很少想到有钱没钱的问题，主要想的就是我们究竟该怎样生活。我们家里一直都有充足的食物，在那个时代，人生的目标也比现在简单许多。"她继续说："我们一点没想到要有个父亲。事实上，没有父亲，我们的生活过得也非常好。我注意到在我的家里没有任何冲突与紧张气氛，但我的许多朋友家中却经常有。"

丹津·巴默长大后，变得漂亮了，但她还是那么瘦弱，眼睛还是那么蓝、那么大。她曾经光秃秃的脑袋上长满了浅褐色的卷发，样子很迷人。后来她到印度修道时，寺院坚持要将她这个年龄时的照片钉在墙上。她笑着说："我在三岁时就到达了我一生的高峰，然后就开始一路下滑。"莫文是她的偶像，她和他打架，莫文想出无数个恶作剧，她就跟着他一起捣乱。她说："在盖伊·福克斯之夜（英国庆祝一六〇五年火药阴谋事件主谋之一盖伊·福克斯被捕纪念日），我打扮成男孩子，在人行道上坐几个小时都不动。有一次，莫文教我在汉普斯德·希斯向陌生人讨钱坐巴士回家，他要我告诉陌生人，我们被母亲抛弃了。后来，他一直说，是他带领我走上托钵乞讨的道路。"

她喜欢自己曾经上课的两个学校，特斯德尔街小学与约翰·霍华德小学。学校用古罗马诗人维吉尔的"有志者事竟成"作为学生的座右铭是非常恰当的。她虽然不是非常优秀的学生，但算得上是名好学生。她的英文、历史都很好，IQ成绩一向也是最好的。她谦虚地说："这并不表示我有多聪明，我只是适合做智力测验而已。"她年年都荣获年度进步奖，她觉得这种奖励不值一提。她说："这种奖励只能代表你已经尽了自己最大的努力，但我并没有尽全力。我在学校一点也不用功，因为基本上我对学校的科目不感兴趣。"

写丹津·巴默的故事，必然要提到精神的范畴，因为那才是她最感兴趣的事情。她的母亲精通降神法术，每周三晚八点，邻居们都会聚集在她家里，参加每周的降灵会。

她回忆说："我们围坐在桌脚粗如树干的巨大桃花心木桌

旁，这个桌子来自一个富人，有很久远的历史。随后，一位灵媒邻居逐渐进入出神状态，向其他邻居传达灵界讯息。记得某个夜晚，母亲有点开玩笑地说这些灵讯不够强烈。他们决定接受一些挑战，让一位体重很沉的女莱贩坐到桌上，他们将巨桌举起，在屋子里环游。我们都躲到屋子的角落里，以免挡住路。”

她从未质疑过这些事情的真实性。这是她的家，她知道地板上没有隐藏的活动门，也没有人接受金钱来行骗。她说："从这些经验里我学到许多东西。现在，如果有人告诉我，人死亡后意识就不存在了，我都不会相信。因为我一再得到证明，人死亡后意识确实是存在的。这不是信仰而是一种知识，是必然的现象。我同时知道一种绝对真实的道理，在不同的空间里都有生命存在，只是我们平时感觉不到。由于我们有这种降灵会活动，在家里大家就会经常谈到与死亡有关的事情，但讨论都是非常正面积极的。我们讨论死亡是什么、死后又是什么情况。我们最有兴趣的话题之一就是死亡，这是我获益很多的一种经验。许多人连想都不愿意想死亡这件事情，甚至大部分人都存有惧怕的心态。如果你不害怕死亡，你在人生中将卸下一副巨大的重担。”

她继续说："死亡对于我而言，就是接下来的一个新阶段，也是另一种开始。我们曾经做过许多事情，现在我们将步入无限的未来。这种认知将会减少我们今生的许多焦虑。因为我们今生正如大水池中的一滴小水滴。我们在今生将必须做的事情做好，其他事情则不重要了。因为你也许早已做过了，否则你将来也许还会做那些必须做的事情。拥有这种想法会给我们一种豁然开朗的感觉、一份真正的希望。”

丹津·巴默很早就显露出深邃的思想与高度怀疑的心智，这种内在的本质跟随她一生。她说：“我不喜欢降神法术将人们限制住，驱使人们对于降神术执迷不悟，并且无法放下。这种降灵会成为邻居们的生活中心，增加了他们对这种事情的执着。同时，我认为人们大半会问一些愚蠢的问题。”她继续说：“他们不曾深入探索一些我认为真正重要的事情。他们最有兴趣的部分就是和死去的亲人讲话。我认为这简直是在浪费灵界的时间与知识。”

一些早熟的、深奥的问题占据了小丹津·巴默的内心。奇妙的是，这些问题正巧是佛教徒的问题。她说：“我关心的问题是，我们怎样才能超越这种持续不断的轮回境地，以及我们生命中与生俱来的痛苦。”

幼年时的一个特别经验更加明确地显示出她的思维方式。她说：“大约十三岁那年，有一天我跟随母亲去拜访叔叔婶婶，我们一起度过了一个非常愉快的夜晚。然后我们又一起乘车回家。当我坐在车站时，忽然脑海中闪现出一个意念。我想，我们每个人都会生病，变老，然后死去。我与母亲从没有讨论过生老病死的事情，我脑海里忽然出现这些想法。我记得当时，公共汽车亮着灯从我眼前开过，车中的人们谈笑风生。我心里想，他们难道不知将要发生什么事情吗？我对母亲说，生命真是非常令人悲哀，因为我们必须经历生老病死这些事情。我的母亲生活得很不幸，身体也很糟糕。她很吃力地抚养大两个孩子，又经常有财务上的危机。她回答我说：‘是的，人间确实有许多痛苦，但还是有许多美好事情的。’我想，她可能没理解我的话。虽然世间有许多美好的事情，但是生老病死隐藏其中，生老病死的悲哀让其他的一切都失去了意义。”

她深有体会地说：“但人们看不见这些事情，他们从来都不关心。我不明白他们为何如此冷漠。他们难道不知道吗？这种可怕的情况牢牢地限制住他们。我内心深处对这种感觉有切实的体会。因为没有人理解我所说的，他们都认为我太悲观了，此后，我便不再和他们讨论这个问题了。”

巧合且有趣的是，困扰伦敦东区这个年轻女孩的问题，正是困扰公元前五百六十年印度王子悉达多的问题。当悉达多王子离开皇宫的保护之后，看见了病人、老人及一具尸体，这些不堪情景深深地震撼了他敏感而多情的心。最终，他全然放弃安逸的、拥有特权的生活，出家探索人类受苦的原因。经过多年的游历与布道，他尝试了各种各样的修道方法，终于有一天，他在菩提迦耶的菩提树下获得了答案。他进入深沉的冥思，打破了无明的障碍，最终获得开悟。他成为佛陀，生命成为一个完全觉悟的过程。他的觉悟启发了历代成千上万的人，从而形成了佛教。但当时，佛教的发展还仅仅局限于东方。

还有一个更大的问题，那就是人类生存的意义，同样占据了丹津·巴默的内心，这也是佛教所力求解答的问题。她说：“我希望自己弄清楚，人类怎样才能够变得完美无缺。我小时候就有一种信念，相信人类天生就是完美的。我觉得人类的完美好似没开发的宝玉，我们必须将它发掘出来，才能发现我们内在的本来面目。因此，我们来到世界上的理由就是发现完美。我问母亲是否相信轮回，她认为对她而言，轮回是很自然的，并不是不可能的事情。”

但要想获得更多的解释就比较困难了。丹津·巴默于是向灵媒请教。她说：“我首先问灵媒：‘有神存在吗？’灵媒回答：‘我们认为绝对没有以人的形象出现的神，但我们认为终究是有光、有爱和有智慧的。’我对灵媒的回答还算满意。于是我向灵媒提出生命中的第一个疑问：‘我们怎样才能变得完美？’灵媒回答：‘你必须很美好、很善良。’我对灵媒的这一回答很不满意。我想：‘灵媒并不知道这个答案。’之后，我对这种降神术完全失去了兴趣。”

其后，丹津·巴默转向地方上的传道士寻求新的答案。她很喜欢汉斯灵顿牧师，他长得很魁梧，具有修道者的风度，而且他遵守清规戒律。有时，她跟随母亲一起前往哥特式建筑风格的圣公会教堂。

她说：“汉斯灵顿牧师对我说：‘嗯，你必须变成好人。然后你必须变成善人。’我想，‘这也不是我找寻的答案。’我们的基础当然必须是好人善人，但获得完美却是另一回事。我认识许多人，他们又好又善良，但他们并不完美。完美需要更多的东西，至于多些什么是我一直想探寻的问题。”

丹津·巴默生长在基督教的国家里，但她对基督教没有兴趣。事实上，基督教并没有提供给她更多的答案，反而令她感到更加困惑。她的困难基本上是无法接受拟人化的神的观念。她说："对我来说，基督就像是天上的圣诞老人。而且，我记得自己对圣歌特别感到困惑。我在学校里唱圣歌，歌词说'所有光彩漂亮的事物，所有大小不同的生物，一切聪明又奇妙的东西，都是神所创造的'。当时，我不解地想，'那么，愚蠢与丑陋的东西又是谁创造的呢？'那些丰收圣歌也是一样，我们赞美神赐予的阳光与雨露。我想，神一定也带来了干旱与饥荒。"丹津·巴默似乎对"二元"的问题感到困惑。好与坏、黑暗与光明、大与小，她寻找超越二元对立的答案。

她不停地在寻找着什么，但她也不确定那究竟是什么。她十三岁时，曾经试着阅读《古兰经》。后来又尝试着认识基督教，但她还是不得其解。十五岁时，她开始学习瑜伽，然后慢慢地接触了印度教，她得到了一丝快乐和满足，但那很有限，于是她再度转回到了基督教。

她解释说："问题是，所有宗教的基础都是建立在一个外在的神上面。我们有责任取悦它、接近它。这对我而言是没有任何内在意义的。如果这个对你有意义，绝对会产生效果。但如果对你没有意义，那么对你又有什么用呢。你首先必须信仰这个超越物质界的神明，与它产生一种关系，然后你才能得到进步。如果你都不相信，那么你肯定无法走上这条道路。"她继续说："我记得，曾有一次我和未来的嫂嫂聊天。她是犹太人，她辩说耶稣不是神的儿子。如果按照她的说法推论下去，就会得到没有神的结论。这对于我来说，好像是一个伟大的发现。是啊！这正是我的感觉。”

丹津·巴默十几岁的时候，又转向了存在主义思想，她开始简单地阅读萨特、加缪等哲学家的著作。她发现，虽然这些人提出了“人类生存的意义”这样的问题，并描述了人类的生存现状，但他们并没有给出这些质疑的答案。于是她继续寻找下去。

丹津·巴默大约九岁时，看过一个有关泰国寺院的节目，佛陀的生平被记录在一座寺院的雕刻上。她问母亲佛陀是谁。母亲回答：“他是东方国家的一个神。”然而丹津·巴默却肯定地说：“不，我觉得他像耶稣一样活在人世间，他一定有故事。”后来，她终于发现这是怎样的一个故事了。

3

寻道

一九六三年二月，二十岁的丹津·巴默存了九十英镑的船资，启程前往印度。这是她所能找到的最便宜的旅行方式，她一个星期只挣八英镑，凑足这笔钱花费了很长时间。

一九六一年，十八岁的丹津·巴默于寻道之旅中取得了新进展。

当时，莫文正在英国皇家空军驻防，巴默与母亲将要去德国探访莫文，以便他们能够共度圣诞节。圣诞节前，她离开了小学校，进入了哈克尼图书馆工作。这个工作正如她老师所介绍的那样，工作环境很好，很安静，而且她非常喜欢阅读好书。她原本希望上大学研读文学与哲学，但母亲无法负担她的学费。丹津·巴默安慰自己，多赚些钱可以让她早点儿离开英国。她说："有时，对东方的思念深深地折磨着我。"她从图书馆带了三本书去德国度假时看，其中两本是萨特与加缪的，另外有一本书，是在她出发前，别人刚刚归还图书馆的，封面上是面带微笑的佛像，但吸引她的是《坚定的心念》这一书名。她在德国阅读了萨特与加缪的书，但却不知为什么，忽略了那本佛教书。当她返回英国途中时，飞机延误了八小时。由于机场是军防设施，里面没有商店、娱乐场所，她没有什么事情打发时间，于是只能打开那本书。

读了一半时，她转向母亲，语调虽然轻缓但充满惊奇：“我是佛教徒啊。”母亲很平淡地回答说：“亲爱的，很好。你把书读完，然后给我讲讲。”丹津·巴默的态度却不像她母亲那样平淡无奇。

她说：“我感到惊喜而震惊。我所有思考和相信的事情都写在书里了！而且书中说的比我自己理解的要好得多。那种观念和见地，正是我思考和感受到的。同时，这条绝对清晰与明确的道路，带领我回到自己内心的完美。”

书中佛陀所面对的，正是丹津·巴默当年看着行驶的公共汽车上的人们时，心中所产生的各种疑问，那是人生普遍存在的生老病死问题。她说：“同时，我很喜欢轮回这一理论，并相信没有一个外在的神祇能够引领我们。当我接触印度教时，我发现印度教中有许多地方强调阿特曼（真我、灵魂），以及它与神祇之间的关系。当我第一次听说阿特曼这个词时，我不自觉地产生了眩晕的感觉，我甚至要回避这个词。但佛教却与它相反，所论述的东西是没有阿特曼的，没有一个独立的实体，没有一个大写的、发光的‘我’的存在。这种观念让我彻底获得了自由。我真的太高兴了，我最终从这种观念出发，找到了一种宗教与灵修道路。”她对阿特曼这个词所产生的无法解释的眩晕感，如同她在人生中其他许多奇怪的偏好，后来都找到了答案。

她说：“那本书彻底改变了我的生活。我记得三天后，我在上班的路上，心中想着：‘我成为佛教徒已多久了？三天吗？不，我作为佛教徒，已经好几个世纪了。’”当时，她还不清楚自己的想法是多么正确。

一旦找到了自己的道路，丹津·巴默立刻就开始前进了。她说："如果你想做一件事，就应该在正确的道路上做好它。"这是她一生的座右铭，但在一九六一年的英国，这却不是一件容易完成的工作。

现在，佛教已经盛行，有关佛教的书籍已出版了数百种，打坐中心到处都建立起来，甚至贝斯纳绿地的老旧火车站也变成了一座精致的佛教寺院，成了纷乱嘈杂中一片安静的绿洲。但当丹津·巴默刚开始接触佛教时，周围却没有人跟她一样，她几乎是完全孤独地探索着。最初的信仰改变者都是十分热情和单纯的，无论如何，丹津·巴默就以这种热情和单纯开始了她的旅程。

她说："'无欲'是我不断接触到的佛教中的最主要的一件事情，于是，我告诉自己'这是正确的'。我把所有的衣服都交给了母亲，然后穿上黄绿色的衣袍，腰间束一条带子，再穿上黑色的长筒袜。"回想起这段历史，她笑着说，"我再也不用化妆了，只要将头发绑到脑后，再穿一双简朴结实的鞋子。我也不再和男孩子约会了。我极其盼望自己变成一个无欲的人。"

这个阶段并没有维持很长久。不久，她在依克内斯顿广场发现了一个佛教团体。这个佛教团体位于维多利亚车站的后面，一九二四年由克斯迈思·韩弗瑞法官创办成立。将东方思想介绍给英国的众多人士中，韩弗瑞可能是做出最大贡献的一位。韩弗瑞个性奇妙，他将优秀的法官事业与非传统的兴趣——非传统医学、占星学、超能知觉，以及佛教——有机地结合起来。他与心理学家荣格、禅师铃木大拙、泰国皇室都有来往。丹津·巴默接触的这个佛教团体是西方世界中最古老、最庞大的一个佛教组织。时至今日，它依然如此，但它的所在地却是一栋很小的建筑物，会员也十分有限。

她说："当我走进这栋建筑物的大门时，我突然发现其他人都不像我穿着黄色的法袍。我以为'这一定是我什么地方搞错了'。我也许不应该将衣服都送掉。我告诉了母亲这件事，她将衣柜的钥匙又还给了我。母亲没有将我的衣服送人，只是锁在衣柜中了。她对我此前的行为没有说过什么，她只是等待着。母亲真是细心体贴的人。"

在依克内斯顿广场的佛教团体中学习静思时，丹津·巴默完全沉浸在南传佛教的巨大宝库中。南传佛教主要存在于斯里兰卡、缅甸、泰国、越南与柬埔寨等地。她学习佛陀的四圣谛，四圣谛内容包括苦的真相（苦）、苦因的真相（集）、灭苦的真相（灭）、解脱之道的真相（道），是佛陀教义的基础。这是佛陀在菩提树下开悟后最伟大的开示精华。佛陀对人类生存状况以及解答方法的分析都有着严谨的逻辑性和精彩独到的见解。他还发现修行的八正道：正见、正思维、正语、正业、正命、正精进、正念、正定。它们是修道的基础，也是佛陀为佛教生活所描绘的蓝图。丹津·巴默不假思索地全部接受这一切。她说："我就像一个长期处于饥饿状态的人，终于坐上了宴会席。"那时，另有禅宗可以学习，但禅语机锋令她没有信心。她说："我记得，因为我完全不能理解，自己灰心地躺在床上哭泣。当时，我认为，禅语自相矛盾太多，现在我能够理解并享受禅了，但如果我最初学习的是禅，我一定会放弃的。”

丹津·巴默一直觉得自己求道的过程是很孤独的，她自己制作了一个佛坛，铺上带有金凤花纹的黄色洗澡巾，将一尊佛像摆放在上面。这尊佛像是一位女士赠送的。这位女士的丈夫是一个航海商人，他从缅甸买回来一尊佛像供奉在家中的壁炉架上，丹津·巴默后来从这位女士处买了两只暹罗猫，当这位女士发现丹津·巴默是真正的佛教徒时，她立刻将佛像送给了她。

丹津·巴默在佛坛前礼拜，每次她都拜得非常喜悦。她说："当我第一次走进佛教团体，一看见佛坛，我第一个冲动就是拜下去。然后我想：'噢，不，不，不。不能这么做。佛教徒不做这种事。'于是，我没有拜，但不去礼拜使我感觉非常痛苦。我后来看到一些东方图片，人们在佛像面前礼拜，我觉得快乐极了。我持续地、不间断地礼拜，感觉好极了。”

同时，她知道了西藏的一个咒语“唵嘛呢叭咪吽”，这句咒语能够令所有愿求都如意得成。她以自己的方式开始念诵，并获得了惊人的效果。

她说："当初我并不懂什么，只是以为人必须要一直地念诵咒语。于是，我开始不停地念下去。最开始我念出声来，后来我在心里念诵。事实上，这如同《东正教徒朝圣记》中的那个俄国农夫不断念诵耶稣祷辞一样，但当时我并不知道这个故事。我只是在心中不断地念诵。不久，它就产生了很有趣的效果。当时我仍在工作，我发现自己可以在心中一面念诵着祷辞，一面将工作做得很好。念诵好像分去我头脑的一部分活动，让我有了这种观察的意识，发出‘唵嘛呢叭咪吽’的共鸣。同时，念诵给予了我空间，使我对身边的事情保持觉知，不致身陷其中。”

她虽然毫不怀疑佛教，但有些事情还是困扰着她，南传佛教的一些观点使她感到担忧。阿罗汉的思想尤其令丹津·巴默感到不安，他们已获得了涅槃，完全消除了无明、贪婪与嗔恨。因此，他们再也不必回到这个苦难的世界了。他们都得到自由了！这应该是丹津·巴默所追寻的东西，但这种思想并没有吸引她。

她说："爱不存在于南传佛教中。我爱佛陀，每当我想到他，我都会流下热泪。我希望像佛陀一样，但不希望像阿罗汉那样。我感觉阿罗汉很冷漠。事实上，这种厌恶的感觉是不对的，我现在对阿罗汉的感受好多了，但当时我对阿罗汉的思想感到担忧。如果你有块姜蛋糕，而你不喜欢姜，这可麻烦了。我虽然爱佛教，但我不喜欢南传佛教的指引，那不是我想前去的地方。这其中缺少一些东西，但我不知道是什么。当时，我只是感觉南传佛教的修道方式并不正确。”

丹津·巴默持续不断地修正自己的追求，以便寻找一条最适合自己的道路。几个月后，她读到一本有关龙树菩萨的书。龙树菩萨是公元二世纪时著名的佛教圣人与哲学家。在这本书中，菩萨被定义为“精神英雄”，菩萨选择放弃涅槃，一再地回到这个世界，帮助解救众生。她说："我立刻明白了，这正是我想追寻的。它是我的目标，不是为了自己，而是出于同情心，为了所有的生命。菩萨的思想才是我真正想追寻的。”

然而，当她发现自己的道路时，另一个大问题又产生了。龙树菩萨是大乘佛教的创始人，而大乘佛教被尊崇与主要的修习地点是在西藏。二十世纪六十年代的时候，藏传佛教几乎不为人知。一些旅行者曾勇敢地进入西藏，有人回来后，讲述许多精彩的魔法与灵异故事。比如，喇嘛们能够飞行，他们凭着个人意志变化出东西，或者再让它们消失。他们还能变成动物或其他任何东西。他们以一种怪异的、神奇的跳跃性方式，可以跨越时间旅行到神秘的地方。由于这些神秘的传说，伦敦佛教团体中大部分知识分子将藏传佛教排除在外，错误地认为它是巫术、秘教。因为藏传佛教与禅宗不同，也与南传佛教不同，它的神秘性使得很少有西方人能够真正了解它。

丹津·巴默虽然是佛教团体中的新成员，但她是非常敏锐的，最初她根本不理睬藏传佛教与它所代表的东西，但巴默并没有完全放弃藏传佛教。她阅读的另一本书中，有一段简略介绍宁玛、萨迦、格鲁及噶举派西藏四大教派的文章。她说：“当我读到‘噶举派’这个词时，我的心中有个声音说‘你是噶举派。’于是，我问‘什么是噶举派？’这个声音说‘这不重要，你是噶举派。’我的心好像在向下沉没，当时，我最不想当的就是藏传佛教徒。”

在丹津·巴默的故事中，总有这个声音在关键时刻反复出现。这个声音引领着她也警告着她，将她向正确的方向引导。不论她头脑里想什么，她永远都会留心这个声音。她说："事实上，我无法忽视这个声音的出现。这声音有时会很响亮。"

后来，丹津·巴默就跟随着这个声音的引领，联络到一位她知道的伦敦唯一了解藏传佛教的人。他们一起喝下午茶，此人交给她一本伊万·文兹所著的《密勒日巴传》。密勒日巴是西藏最受人们爱戴的诗人兼圣人，他是最优秀的洞穴修行者。

密勒日巴的故事非常引人入胜。他生于十一世纪，年少时，他曾暗施法术报复欺侮他家庭的人，中间还杀掉了几个人，因此有许多恶名，被认为是一个流氓式的灵修人物。后来，密勒日巴发现自己错了，受到良心的谴责，于是开始寻找著名的译师玛尔巴为上师，他因从印度带回了佛教经典而被人们称为译者玛尔巴，密勒日巴请他解说佛经中的真理。玛尔巴看了一眼站在面前的这个年轻恶棍，马上指派他去做一项繁重的工作，命令他去建造冲入云霄的石塔。密勒日巴将石塔建好后，玛尔巴巡视了一番，又粗暴地下令密勒日巴将塔拆掉，还要将石材归还原位。就这样建了拆，拆了又建，重复了四次，密勒日巴几乎崩溃了。为了涤清自己错误的罪行，密勒日巴坚持建塔拆塔，以此来证明他的决心。玛尔巴最后接受了他，并赐予他所渴望的静修禅思的一生。

密勒日巴除了拐杖、斗篷、碗盆之外，其他什么都没带，就孤独地去深山中修行了。山上极端寒冷，除了荨麻，什么食物都没有。密勒日巴瘦得像骷髅一样，皮肤全部变成了绿色，那是冥思修行的结果。由于他学会了如何提升使人欢喜的神秘热能，所以即使他生活在零下温度里，也能保持身体的温暖。农夫们纷纷传说着亲眼看见密勒日巴在山谷间的故事。经过了许多年的努力修炼之后，密勒日巴修炼成功，终于出来宣扬佛法。这时，天空出现了一道彩虹，鲜花像雨点一样从天而降。

> 追逐世俗生活只能带来不可避免的悲哀。
> 获得的结果是失去，建造的结果是毁灭。
> 相聚的结果是分离，诞生的结果是死亡。
> 当你了解这些，你应从最初就放弃获得、建造、相聚与诞生。
> 同时，你应忠实地追寻卓越上师的教诲，开始寻求真相。
> 真相没有诞生也没有死亡，它就是最巧妙的技艺。

密勒日巴的智慧之语由他的忠诚弟子惹琼巴记录下来，丹津·巴默后来受到惹琼巴的巨大影响。

丹津·巴默读完书后，她的信仰改变了。对佛教团体中有名望而又传统的人来说，书中神秘的内容都是被禁止的，但这些内容为丹津·巴默所吸收。她说："我被书中讲到的净土、神鬼、天堂、地狱等深深地打动了。这是我在家庭降灵会中所知道的东西，毕竟，我是在桌子飘浮于屋里的环境中长大的。对我来说，密勒日巴会飞的这种观念是完全合理的。因为，我小时候生病时也有过灵魂出窍的体验。南传佛教与禅宗都不曾提到类似的经验，也没有谈到灵魂的问题，对于它们的理性方式，我感到困扰。我是一个逻辑性很强的人，不容易上当。但当我遇见一些真正表达出人类高层次潜能的事情时，我会很容易就注意到。”

接下来，很明显她需要寻找一位上师来引领她，就像当初密勒日巴寻找到卓越的译者玛尔巴上师一样。她说："我知道自己必须找到一位上师，不是随便某一位上师，而是‘那一位’上师。我从不曾怀疑自己能够找到他。他将在印度，我下定决心前往那边去寻找他。”但是这种事情并没有在很短的时间内发生。

当时，除了严肃的精神探索，丹津·巴默的生命中还有其他的事情。她才十几岁，长得很漂亮，有一头长长的卷发。认识她的人都用活泼热情来形容她。当她渐渐长大后，不但习惯了自己女性的身体，并且开始积极地享受它。她发现了男孩，男孩当然也发现了她。二十世纪六十年代早期，伦敦市中心的生活充满了情趣，猫王、瑞奇·尼尔森、“二战”后反传统的行为怪异者、卢森堡电台与摇滚乐混合在一起。各种由狂热的年轻人组成的团体刚刚起步，丹津·巴默也以全身心的热情参与其中。

她说："我穿着漂亮的衣服、打着洞的高跟鞋。我爱跳舞，常去爵士乐俱乐部，还对猫王非常迷恋。事实上，我的社交生活非常繁忙，当时我与一大堆男朋友交往，特别是东方男孩。令人很奇怪的是，西方男孩从来都没有吸引我。但我一直很确定一件事，就是不想结婚。记得我十六岁那年，我将要做第三次伴娘时，一位朋友对我说：‘别做了！做三次伴娘，就永远不会当新娘！’我说：‘这个迷信太可笑了。但我倒是真希望这个迷信起作用，它将带来一些额外的收获。’我希望自己独立生活，而不希望头脑中总是充满对一个人的思念。”

丹津·巴默性格上的两面性，无法避免地引发了内心冲突。她陷入了内心的挣扎，经过好几年，这种挣扎也没有得以摆脱。她说：“一方面，我是一个浮躁又贪玩的女孩；另一方面，我又是十分严肃追求心灵的人。我在漂亮的裙子与黑长筒袜、平底鞋之间失去了平衡，左右摇摆，不可避免地产生了对抗。当时，我最担心的是轻浮的一面将要得胜。”这种性格上的冲突同时带来了其他方面的困难。

她说：“我有两方面的朋友，这些朋友永远都不能融洽相处。有一天，我参加一个聚会，并邀请了两方面的朋友。我来晚了，当我走进大门时，看到朋友们完全迷惑不已。因为他们之间拥有唯一相同的东西就是我，但他们谈论的又似乎是完全不同的两个我。他们真正使我感到危机，我不知道应该如何应对这场面。这时，我听见一个内在的声音说：‘别担心，在适当的时间，你自然就会放弃。你还年轻，好好享受吧。时候到了，你将真正会放弃一些东西。’听见这个声音，我轻松多了。”

丹津·巴默继续与男孩约会、跳舞。在一个意大利的节日，巴默饮用了太多意大利红酒而醉倒了。虽然她过着轻松的生活，但她一直没有忘记追寻上师的内心期望。她从佛教新闻中了解到一位英国女性斐达·贝蒂的故事。斐达与一位印度人结婚后成了佛教徒，她创办了一所规模不大的噶举派女尼修院，并在印度北方达胡西市成立了一所年轻转世喇嘛的学校。这地方非常适合巴默开始寻道。丹津·巴默写信给贝蒂，详细解说她也是噶举派信徒的原因，她愿尽最大努力提供服务。但她只是一名受训的图书馆管理员，不知道自己能够做什么事情。贝蒂回信给她："你来吧，尽管来，不要有任何担心。"

这扇门终于向她敞开了，但如何走进去还是很困难的。丹津·巴默需要一笔旅费才能前往印度，这不是图书馆管理员的薪水能够负担的。她不得不寻找一个更高薪的工作。她对世俗生活一向没有追求，事业、成功、赞赏，对她都毫无意义。她说："我从来没有必要被迫在这些方面证明自己。"但当她下定了决心后，她将再度面对自己的命运因果。

她说："我几乎立刻发现了布鲁姆斯伯里东方与非洲研究学校的招聘广告。我去面试，去见图书馆馆长皮尔森先生。皮尔森先生刚从缅甸与印度回来，我对他的经历非常好奇，不停地向他提问题。他问我是否愿意接受图书馆考试，我说：'不，因为我将去印度。'我说了这话，心想一定会失去这份工作了。皮尔森先生又问我，准备何时去印度。我回答：'一两年内，当我存够了钱后就去。'当我离开他的办公室时，我看见外面是排着长龙等待面试的人们。几天后，我接到了皮尔森先生的电话，他说：‘那天，我们两人在面试时谈得太高兴了，我都忘了问你对薪水的要求，以及工作的时间了。’他继续说：‘我们非常欢迎你来图书馆工作。’”

皮尔森先生记下了丹津·巴默的心愿。他让巴默在图书馆工作，并用图书馆的经费以及工作时间，安排她学习西藏课程。她的老师是著名的西藏专家大卫·史耐格夫，二十世纪五十年代，他是少数几位真正去过西藏的人之一。随后几年，丹津·巴默接受的几乎都是关于西藏的信息，而且她也只有西藏文的经本可读，这些初级课程对她来说是十分珍贵的。这是意料之外的获得，但有时候也令人有些恐惧。她说：“史耐格夫使人惧怕。他站在我们面前，总是不留情面地批评我们。我走进教室以前，真的是全身发抖。只有一件好事，他的身边有三位本教的喇嘛（本教是西藏最原始的宗教），他们是我最早遇见的西藏喇嘛。”

后来几年，又有几位喇嘛来到英国，他们是将藏传佛教传入西方的先行者。丹津·巴默是西方人中少数几位信仰者之一，她无疑成为与喇嘛们见面的最佳人选。她的母亲总是对新事物产生兴趣，对新观念保持开放接受的态度，尤其是心灵方面的事情。她母亲邀请这些喇嘛到家中吃午餐与晚餐，喇嘛们在这片陌生的土地上没有什么熟人，所以他们非常高兴能够与对藏传佛教有兴趣的人士聚在一起。

这些喇嘛中，有一位就是优秀、形象独特，后来饱受争议的秋阳·创巴仁波切。创巴仁波切在很多方面展现了他的风格。他写了许多本畅销的早期佛教书籍，包括《超越修道上的障碍》《无目标的旅程》等。同时，他在苏格兰创办了英国第一所西藏闭关冥思中心“撒益林”。后来，他移居美国，在科罗拉多州的波德市创办了与撒益林同样成功的纳若巴中心，培养出一批最优秀的美国佛教老师。创巴仁波切是一位修行高深的喇嘛、有成就的冥思上师、卓越的学者、天生的沟通者，但晚年时，却以不合乎传统和一些丑闻而闻名，致使纳若巴中心陷入了危机。

丹津·巴默十九岁时，遇见了年轻的、还没有名气的创巴仁波切。他与当时其他的喇嘛一样，居无定处，四处漂泊，而且不被关注。没有人了解这些西藏喇嘛所具备的能力，而丹津·巴默正处于这个即将跨越的时期，她已经准备好了。

她说：“我与创巴仁波切见面不久，他就对我说：‘你或许难以相信我将告诉你的事情。在西藏，我其实是一位修道高深的喇嘛，我从没想到竟然会面对这种情况。但请接受我教导你冥思吧，我一定要得到一位弟子。’”

丹津·巴默当然非常愿意。她成为天赋禀异的创巴仁波切的最亲密的弟子。现在，有一些书籍可以引导她之外，还有一位老师引导她。她得到了一个活的源泉，她快乐极了。

她说：“我觉得自己终于得到真正的东西了。虽然创巴仁波切并不是我想象中的僧人或是喇嘛，他长相一般，也很平凡，只会说一点点英文，但他真的是很有智慧。”

有时，他们在一起讨论比较严肃的事情。丹津·巴默总是会提出各种问题，创巴仁波切会耐心地回答，两人之间展开热烈的辩论，他们两人都很喜欢这种激烈的辩论形式。当时，创巴仁波切告诉她很多她一点都不了解的事情。同时，他还给她上了第一堂冥思修炼课程，教导她如何观察自己的心，如何放松意念，同时保持觉知。丹津·巴默很快就领悟了，她说："我感觉十分奇妙，我一直觉得冥思是修道的精华。我对创巴仁波切有极大的信心。"

当时，她还无法说清冥思对她而言为何如此重要，以及冥思所带来的具体作用。现在，经过三十年具体的修行，她能够真正解释"内观"代表的是什么意义。她说："我们非常难驾驭自己的意念，意念常常是失去自我控制的，我们经常制造记忆、偏见。对大部分人来说，这好像是一种骚动，一种内在的紊乱状态。我们任凭自己被情绪左右，无法选择如何思想。冥思能够使风暴平息下来，停止这种永无终止的心念的搅动。一旦你达到这个目标，你就能够进入意识更深的层次，它可以超越表面的喧哗。同时，你渐渐可以掌控住自己的意念与情绪。你看得见它们透明的本质，不再完全相信它们。你能创造出内在的和谐平衡，你能够将它带入自己的日常生活中。"

创巴仁波切鼓励丹津·巴默到印度寻找上师。一九六三年二月，二十岁的丹津·巴默存了九十英镑的船资，启程前往印度。这是她所能找到的最便宜的旅行方式，她一个星期只挣八英镑，凑足这笔钱花费了很长时间。她搭乘"越南号"轮船，从法国南部的马赛港出发。她必须先搭乘火车，经过海峡，再搭乘另一列火车才能到达马赛港，再正式开始这趟旅程。当时，在维多利亚火车站，创巴仁波切夹在一群人中为她送别。

4 第一步

无论是身体还是情感，丹津·巴默都需要他，但是在对情感的需要和永恒存在的心灵呼唤之间，她决定先不做任何决定。

火车带着巴默驶离了月台，将巴默的母亲与她的国家留在了身后，但巴默始终没有流眼泪。与她一起同行的有露西·达玲与克丽丝汀·莫里斯，她们两人也将前往斐达·贝蒂的学校，而她二人此时已泪流满面。丹津·巴默说："不知为何，我终于上路了，我非常快乐。这是我多年来期待的一刻。"

巴默随身带了两个大袋子，里面装了一些有点儿奇怪的东西，包括六件睡衣、一大堆肥皂，还有一件在伦敦的一位喇嘛托她转交给印度的哥哥的大夹克。她笑着说："我带的东西全都不对。我永远没搞清楚自己怎么可能需要六件睡衣，而印度的肥皂又相当的好。"

"越南号"是一艘香蕉船，船员包括埃塞俄比亚人、越南人、苏丹人、阿尔及利亚人，他们是在越南这个前法属殖民地被雇用的。这是去印度的最便宜的船，船上旅客并不多，甲板上不能玩掷套环游戏，也没有鸡尾酒会，更没有豪华的游泳池。所有旅客都以这种缓慢的方式向东行进，前往印度或更远的地方。这趟旅程费时两周，在巴塞罗那、赛德港、亚丁、孟买等地停留，然后向更东的地方航行。丹津·巴默有一位家住孟买的女朋友，她写信邀请巴默到孟买时，借住她家几晚，以便适应环境。

旅程中缓慢的节奏完全配合了丹津·巴默的情绪。她说："这种感觉就像是中阴身，世界正处于死亡与诞生之间。你不属于过去，也还没到达未来。这种纯粹乘船旅行的时光很有限，我等待着下一阶段的开始。这是一种非常美好的旅行方式。"

这趟旅程是值得纪念的。与所有美好的海上旅行故事一样，巴默在船上发生了浪漫的爱情。陪同丹津·巴默一起旅行的还有一个年轻的日本男人，他们刚刚认识。和她的许多其他追求者一样，这个日本男人深深地爱上了这个活泼聪明的女子。丹津·巴默也被这位高大的亚洲男子深深地吸引。他出身于一个有教养的家庭，也是一名佛教徒。他计划乘船回到东京，于是他们决定同行。他们一道上了船，浪漫的爱情故事不可避免地发生了。在一个布满星光的夜晚，这个日本男人向她求婚了，虽然是以一种最不寻常的方式。

她说："他告诉我，他将对我说一些事情，我听完必须回答'好'。我以为这不过是个游戏罢了，于是我答应了他。他说了大约五分钟，停下来看着我。于是，我说'好'。我问他我自己刚才同意了些什么事情，他说：'你刚才同意嫁给我。'我大笑起来，以为他是开玩笑。因为我们彼此一无所知，我认为他根本没有认真，但他说他很认真。"

丹津·巴默内心深处再次被两种极端想法所困扰而犹豫

不决。她说："他真是太完美了，他非常可爱。他有一颗非常美好的心。我的朋友告诉我，最好尽快嫁给他，因为我不可能轻易再找到一个像他这样的人。那是我第一次遇见一个人，感觉'我想和这个人在一起'。但在我的内心深处，我从来没有想过结婚的问题。我觉得，他和我住一段时间后，就将接受不了我了。我可以再回来当尼姑。当时我的想法就是那样。因为，他是那么美好的一个人，而我其实没什么了不起。那时，我真正体会了人生是痛苦的，如佛陀说的那样。"她继续说："问题是，我一直没有真正地说过'不'。当我建议我俩同居时，他很吃惊，他被吓坏了。他说绝对不可能。他的家庭与传统绝对不容许未婚先同居。这简直令人无法想象，我们必须结婚。这时，一种被限制住的恐怖的警铃响了起来。"

无论是身体还是情感，丹津·巴默都需要他，但是在对情感的需要和永恒存在的心灵呼唤之间，她决定先不做任何决定。他们商定好，丹津·巴默将留在印度一年，然后前往日本。但是随着事情的发展，这个日本男孩几乎更早地实现他的愿望了。他们在孟买下船后，丹津·巴默非常失望，事前约定的人并没有来接她。日本男孩将几个女孩与她们的行李放下后，四处去寻找了一番。

丹津·巴默说："他回来时，脸上都是恐慌。他说：'这是个地狱般的可怕地方，我不能把你留在这里。'我不知怎么办才好。后来我妥协了，说：'如果半小时内没人来接我们，我将和你一起去日本。'我们又等了二十分钟，这时，一个人手中挥舞着一封信飞跑着过来，他说：'你写了信给我女儿，但她不在家。所以我把信拆开了。这封信今天早晨才到达，我赶快来这里接你了。’命运让这时间如此恰当。我记得那天晚上，想到我的男朋友的离去，我一个人哭着睡了。但第二天早晨，我醒来时觉得十分快乐。我告诉自己说：‘啊，没有什么关系。’”

于是，丹津·巴默与她的女朋友们前往北印度的达胡西市，寻找斐达·贝蒂开办的教育年轻喇嘛的学校。三月，她们到达了。旅途中的最后两个小时，丹津·巴默穿着拖鞋跋涉在雪地里。虽然她的脚全部湿透了，但她却精神昂扬。她说：“达胡西市被雪山环绕着，明亮的蓝天可爱极了。”

她继续说：“我们看到贝蒂太太待在厨房里，弯着腰守望着一个冒着白烟的炉子，但却没有一点热气。她正在煮奶酪粥，不过这粥真让人恶心。贝蒂太太大约五十几岁，高高胖胖的。她有一双明亮的蓝色眼睛和弯曲的鼻子，她将灰发卷束在脑后。我记得她穿了一件粗麻布织成的茶栗色印度纱丽服，这让她看上去更加高大了。”

达胡西市位于海拔两千多米的高地上，左右两旁是印度平原与喜马拉雅山脉，挡住了夏日炽烈的炎阳。从高处望去，有着惊人的景观。达胡西市原来就是一个美丽的地方，它绵延几座山脉，遍山长满了高耸的松树，山里居住着一群群的猴子。一八五四年，达胡西伯爵来此，并建立起一个山间驻地。当丹津·巴默来到此地时，到处都是破败的军官俱乐部、英国教堂，以及残留下的高屋顶的带有巨大阳台的英国砖屋，花园里还长满了玫瑰花与天竺牡丹。这些旧日被统治的地方，如今都成了遗迹。

丹津·巴默回忆说："当时的达胡西市十分可爱，那里没有汽车等交通工具，有一种非常特殊的氛围。每天早晨和黄昏的时候，所有藏族人都会出来，到山上弹奏科拉琴。"

虽然这种景观十分有趣，但生活却不轻松。最初，她住在比丘尼寺院里封闭的阳台中，这是斐达·贝蒂为尼姑布置的住处。后来，她住进一个小房间。她说："屋里很冷，好像冰窖一样。每当外面下雨的时候，屋里也会下起雨来。房间里湿得要命，我必须睡在床下面。此外老鼠泛滥，那里的老鼠肥大极了，它们什么东西都吃，甚至吃我的衣服与念珠。晚上，它们还会跳到我身上把我吵醒。但相比较而言，我更害怕蜘蛛。我记得有一只长着小玻璃眼睛的巨大蜘蛛，比老鼠还可怕。"

每天，她都从比丘尼寺院出发，绕过山丘，前往"年轻喇嘛家庭学校"，这是个古怪而有趣的名字。斐达·贝蒂把英国人使用过的屋子当作学校。屋子很好，但已经废弃了。学校里有许多建在山边的房子，周围环绕着一个美丽的花园。（在丹津·巴默到此之前，早期的佛教徒之一美国诗人爱伦·金斯堡，曾经来此地寻找灵感，后来创办了一个狂热崇拜的教派。）

在学校，丹津·巴默主要负责两项工作，即担任斐达·贝蒂的秘书和教导年轻喇嘛初级英文。然而，她的学生可不是一般的喇嘛，他们都是被指认在前世修行高深的上师。秋阳·创巴仁波切就是学生之一，这些学生日后成了西方优秀的老师，他们都是在此地开始学习基础英文的。

虽然这里的生活很艰苦，但丹津·巴默却爱上了这种生活。从她写给英国的姑妈的信中可以看出她的心情：

亲爱的姑妈琼：

我非常高兴收到您的两封来信，但我必须仔细辨认您的字体才能读完信。学习拼写藏文对于辨认字体有很大的帮助！

现在，每天上午教授初级英文是我必须做的事。班上年龄最小的喇嘛才十二岁，另一位可爱温柔的喇嘛也才二十五岁，以及一位非常讨人喜欢的二十二岁的年轻喇嘛，他体格强健，来上学之前曾修筑过两年公路。他也非常聪明，学习进步很快。这里就像一个乡村学校，有时会很嘈杂，因为有许多课是在同一个房间里同时进行的，虽然是这样，但我觉得十分有趣。

学校里有两只猫，还有一只小藏獒。我们还有一只叫虚虚的小狗，它的爸妈都被豹子吃掉了。我们很喜欢这只小狗，但它特别不体面，因为它不吃牛肉，却吃牛粪。它常常在我的床上睡得憨态可掬。所以我们都说，这狗个性十足……

我写这封信时，比丘尼们正在做晚课，暴风雨破坏了我们的电力系统，现在陪伴她们的牛油灯不停地闪烁。这里的生活真的有点像是在西藏。从我住的小房间可以清楚地听见铃、鼓与唱诵的声音。我们经常参加喇嘛们的念经唱诵，他们各种象征性的手势真的使我着迷，我觉得它们太美好了。

谢谢您寄东西给我，但我真的什么都不需要。而且海关的税率很高，达到了百分之一百。请将我的爱转达给亚瑟、格里汉姆、马丁、吉姆，当然还有您。

黛安

丹津·巴默的信还透露出一点，她仍然很被异性所吸引。当时她二十岁，年轻美丽，充满了活力。她的内心仍然冲突着两种不同的力量，而且没有得到解决。一个晚上，一位比丘尼带给她三封信，更加大了她的危机。其中一封来自她昔日的在斯里兰卡的男友，他对于她的离去感到无比难过，请求她回英国与他结婚。第二封来自那个日本男孩，说他的想法已经改变了，认为异国婚姻是会成功的，希望丹津·巴默回到他的身边。第三封来自她的日本"未婚夫"，说丹津·巴默信中描述的当地情况听上去很惨，他将寄机票给她，让她必须立刻飞到日本。

丹津·巴默说："看了三封信，我不停地大笑，那位送信的比丘尼问我发生了什么事。我说：'有三个男人认为我应该嫁给他们。'她问我要嫁给谁。我停顿了一下回答她：'谁都不嫁。我要当比丘尼。'这些男人都不会明白，我当时的生活正是一生中最美好的。他们都以为我离开了他们，一定过得很悲惨。当时，我又回忆起自己来到这个地方的原因。”

事实上，一些真正不凡又有趣的男人即将来到丹津·巴默的生活中。英国作家约翰·布洛菲尔德，他以描写禅师并翻译《易经》而闻名，他登上山来探访她。丹津·巴默读了他写的《生命之轮》后，曾经写信给他。他以优美流畅的笔触描述了自己进入佛教的旅程。丹津·巴默告诉他，这本书对她的意义非常重大。令人惊喜的是，她收到了他的回信。后来他们保持了很长一段时间的通信往来，丹津·巴默谈到自己的未来计划，约翰·布洛菲尔德给了她许多建议与指导。约翰·布洛菲尔德于一九八七年去世，他在丹津·巴默的生活中一直扮演着非常重要的角色。

她说："他比我年长许多，但我们相处得非常好。他非常可爱，并且慈祥又聪明，是个非常好的人。他还很谦虚，把全部心思贡献给了佛法。后来，他写信告诉我，他与中国道教愈来愈接近了，他开始学习讲中国话，还留起了白胡须。当他照镜子时，仿佛一个道教圣人出现了一样。我写信告诉他，如果他想做一件事，最好把它做好。希望他把头发也留长，在头上结个髻，用玉梳夹起来。”她继续说："对他来说，所有事情都是非常自然的。他与藏传佛教有着很深的渊源，尤其是与度母。然而，他对藏族人给我们的食物却很不满意。一天饺子，另一天米饭与扁豆。可我觉得这很正常。”

她还说："我度过了一段美好的时光。当时，如果你是一个对佛法感兴趣的西方人，那么见到你的每个人都会觉得你很神奇，他们会为你打开所有的门。”

5

上师

对于一般人来说，这种与前世缘分的关系是无法理解的，更无法用语言表达清楚，尤其对于大部分西方人士来说，轮回仍然是一个谜。

一天晚上，丹津·巴默在学校检查信件，她隐约有种预感，她的上师将要出现了。在信件中，她发现了一封来自西藏工艺团体的信，信中附着一份手制的纸张，他们希望贝蒂能够帮助推销。这封信上有坎初仁波切的签名，她不知坎初仁波切是谁，但是，她后来想起当时的情景："我一读到这个名字，信心就自然升起了。"

她问斐达·贝蒂，得知坎初仁波切不久即将来此地。她说："我愈听他的故事愈感到兴奋。我觉得这就是我希望皈依的上师。"皈依指的是一个人正式走上佛道时所举行的仪式。

一九六四年六月三十日，也正是丹津·巴默二十一岁的生日，坎初仁波切来临了。她回忆说："那是个满月的日子，我们正为一个长寿法会做准备，电话响了。斐达·贝蒂接了电话，她对我说：'你最好的生日礼物刚刚来到了汽车站。'我兴奋极了，同时也感到很害怕。我知道自己的上师到了，我跑回比丘尼寺院，换上藏袍，并且带了一条哈达。但是，当我回到学校，坎初仁波切已经来了，并且已进入房间。我紧张地冒险跟随其后，他与两位年轻喇嘛一同坐在沙发椅上，这两位年轻喇嘛都是得到指认的转世喇嘛。我害怕得不敢看他，只是盯着他袍服的下摆以及深咖啡色的鞋子。我不知道他是年轻还是年老，是胖还是瘦。”

斐达·贝蒂将她介绍给坎初仁波切，说丹津·巴默来自英国的佛教团体，最近旅行到印度与她一起工作。丹津·巴默说：“当时，我觉得她说的话都无关紧要，但我却非常感谢她在说话。”

丹津·巴默还是不敢抬头看坎初仁波切，也不知道他的长相。她突然插话说：“我想皈依。”

坎初仁波切说：“噢，当然可以。”

听了这话，丹津·巴默才抬起头来。她看见一个身材高大的人，年纪长她十岁左右。他的脸很圆，表情几近严肃，并且透露出坚毅，头上还绑了一个有点怪异的结。看上去，他与图像上的佛很相近。她说：“我脑海里同时产生了两种不同的感觉。他仿佛非常熟悉，只是许久不见而已，那是一种‘噢，再遇见你是多么好！’的感觉。此外，我觉得自己生命最深处一直盼望着的人终于以一个具体的形象出现在我面前了。好像他一直就在那里，现在他显现在这个世界上了一样。”

这种见面是非常罕见的。这是与一位真正的上师相见时的情景。几个小时后，丹津·巴默表示自己希望出家为尼，她请坎初仁波切为她剃度。坎初仁波切又说：“是的，当然可以。”这好像是一件自然而然的事情。三个礼拜后，一九六四年七月二十四日，她出家了。她说："坎初仁波切希望带我回到他在巴努里的寺院，举行出家仪式，因此我等了三个礼拜的时间。"

丹津·巴默到印度才三个月就选择了出家，这一切看起来似乎是仓促而粗率的决定。但是，在她的心中，这一切是完全符合逻辑的。她说："我追寻的是完美的东西，藏传佛教不但圆满地描述出那种境界，同时提供了达到完美最清楚的道路。因此，我出家为尼。一个人如果想追寻这条道路，就必须尽量不要让其他事情分心。"她的语气里一贯充满了专注热情。

但是，她在英国的母亲却有一点忧虑。她写信给女儿："你应该多考虑一下。"当丹津·巴默收到这封信时，已经太晚了，她已穿上茶色与金黄二色的僧袍，剪掉了一头卷曲的长发。她寄了一张自己的比丘尼照片给母亲看，后面写着几行字："看，我非常健康。我笑着，你就会知道我也很快乐。"她的母亲回信称她是"我可怜的被剪掉毛发的小羔羊"。

她母亲并不是唯一一位对她的剃度感到心痛的人。几位喇嘛更习惯于她那年轻且有魅力的外表。在她剃度前夕，他们哀求她不要这么做。有一位喇嘛竟怜惜地说："你去问下坎初仁波切是否可以不用剃度落发。"她气愤地反驳说："我不是为了取悦男人才做比丘尼的。"当她剃度完出来时，他们用眼睛紧紧地瞪着她，他们都太震惊了。她说："但是，我却感到好极了。我喜爱光头！我感觉更轻松了，更没有什么可负担的了。从此以后，我再也不用为头发伤脑筋了。我每个月剃发一次。”

剃度在丹津·巴默的心中留下了不可磨灭的印象。她回忆说：“我很快乐，快乐极了。”但是并非所有的事情都进行得如想象一样那么顺利。依照传统习俗，她在达胡西市买了一些要送给坎初仁波切的东西，但当她去拿这些东西时，它们竟然全部神秘失踪，再也找不到了。她知道，如果空着手参加剃度仪式，那将是对灵修礼仪的最大不敬。她说：“我觉得糟糕极了。当我应该贡献礼物时，我对坎初仁波切说：‘对不起，我没有任何东西可以给你，但我愿将我的全部身心奉献给你。’坎初仁波切笑着说：‘这就是我所要的。’”

接着，坎初仁波切给她取了法名“卓久·丹津·巴默”。法名的意义是“护持修行传承教法的荣耀女性”。她是第二位成为藏传比丘尼的西方女性，斐达·贝蒂是第一位。后来，丹津·巴默开风气之先，带来了许多转变，许多来自欧洲、北美洲、澳大利亚与新西兰的女性都追随她的脚步，出家为尼了，而且帮助建立新兴的西方佛教。

如今，丹津·巴默创立的组织已成为坎初仁波切的团体的一部分。他们第一次的相见是很特别的，隐含的意义开始显现出来。如果直觉上丹津·巴默“认识”坎初仁波切，坎初仁波切以及寺院里的其他僧人们当然也认识她。丹津·巴默长得非常像悬挂在西藏坎姆帕格寺院里的一幅布制图画中的人物，这幅画被珍藏在寺院里已经许多年了。画像上的人有一双深邃的蓝眼睛，还有一个特别长而挺阔的鼻子。这幅画像上的人物很显然是一位有修行的人，当有人指出这种相似处时，僧人们立刻以对待转世喇嘛的尊敬态度对待丹津·巴默。坎初仁波切和其他喇嘛不同，他并不希望外国弟子跟随他，他将大部分西方追随者打发走，只对丹津·巴默例外，他让巴默紧紧跟随在他身边，这是很不同寻常的行为。他一生都与丹津·巴默保持着非常亲密的关系。

对于一般人来说，这种与前世缘分的关系是无法理解的，更无法用语言表达清楚，尤其对于大部分西方人来说，轮回仍然是一个谜。然而对藏族人来说，轮回是一件肯定而确实的事情。他们认为所有人都是生了又死，死了又生。我们将以许多不同的形式，诞生在与我们有着很深的前世因缘的家庭里。因此，在佛教徒的眼里，你今生的父母可能就是你前生的父母，甚至也可能是你的儿子、女儿、叔叔、表亲、亲密的朋友或是敌人。这种联系有史以来就存在了，经过其后无数的关系形态，更趋于稳固。生死轮回继续下去，每个人不同的习性会牵引他们到下一种生存状态中。

虽然再生是一件十分平常且必定的事情，但是人们却无法选择自己下一世的生命形态。据说，只有那些达到精神最高境界的人，才能够在死亡时通过控制自己的意念，有意识地转世到一个他们所希望的地方。几个世纪以来，唯有在精密严谨的藏传佛教系统下，才能够寻找下一次的转世并加以指认。这些得到指认的转世者，他们是人中之宝的活佛，他们遵守誓言，放弃了涅槃的净土，一再轮回到人世，帮助众生从痛苦中解脱。

丹津·巴默的前世或前几世究竟是什么人，这是很难确定的事情。她常常感觉模糊不清。她说："我想自己当过几世的僧人了，我与坎初仁波切的关系很早以前就开始了。因此，当我们重逢时，我们的关系只需要从以前终止的地方接续下去就可以了。我感觉自己是他身边的一个随侍僧人，或是类似这种身份的人。曾经有一位喇嘛吃惊地问我：'你难道不知道自己的前世吗？'我回答不知道，并且请他告诉我我的前世。他说：'如果坎初仁波切没有告诉你，那么他一定有不告诉你的理由。'但是，我一直没有问坎初仁波切。"

她继续说："有关前世的问题，最重要的是我们相遇了，而且认出了彼此，这就足够了。坎初仁波切确实说过，我与他在许多世代都曾经非常接近。他同时表示，由于这一世我是女人，而且降生在距离他很遥远的西方，所以相遇并不容易。但是，无论如何，我将永远在他的心中。"

后来，丹津·巴默找到了更多有关前世的事情。她猜测自己有一世——那是二十世纪初期——曾经是一位瑜伽大师，她与六世坎初仁波切非常亲近。六世坎初仁波切结婚，离开了康区帕格寺院，住在寺院对面的一个山洞里面。他是一位伟大的瑜伽大师，常对弟子们高谈阔论有关著名的萨迦·斯瑞斯的故事，萨迦·斯瑞斯被认为是本世纪最伟大的冥思者之一。据说，当他处于净光中时，曾经亲受密勒日巴的教诲。据推测，丹津·巴默在前世认识萨迦·斯瑞斯与密勒日巴。

这个发现或许可以解答丹津·巴默生活中的许多不解，她觉得自己生在伦敦是一个错误。少年时她对自己的女儿身感觉奇怪，她自认为与藏传佛教之间有一种自然的亲近感

（尤其是噶举派）。她自觉地希望自己出家为尼，她告诉别人，如果她累世都是生活在西藏东部的一位修行僧人，那这一切看上去是合情合理的。

但是，她这一世为何生成一位西方女人，还是需要推测的。

正如丹津·巴默所描述的，她与坎初仁波切平静地接续了前世的关系，这一世她不再是僧人或喇嘛，而是一位初学的比丘尼。她离开了斐达·贝蒂的学校，开始担任坎初仁波切的秘书。她与坎初仁波切时时有密切的接触。这是一种奇妙地跨越时空的安排。如果她是诞生在康区的一名女性，即使坎初仁波切可能指认出她的前世身份，但是由于几个世纪以来的传统与礼仪，坎初仁波切也不敢接受她，而必须将她送到某个比丘尼寺院中。此刻，丹津·巴默却得到机会再度认识坎初仁波切。

她说："坎初仁波切的个子很高，身材魁梧。但与许多高大的人不同，他走路时出人意料的轻巧。他可以算得上是一位美妙的'舞者喇嘛'，他在西藏颇有名气，不仅是一个很有成就的画家，而且还是诗人、语言学家。他很有气派，但却非常和蔼可亲。他说话时的音调总是很细很柔。"丹津·巴默回忆到这些时，声音也变得柔软了。她继续说："但是我很害怕他，对他有敬畏之感，这是很奇妙的事情，人为什么会有这种敬畏的感觉？他有莲花生大师的一种愤怒相。我猜想这是他令人敬畏的原因。他的外貌虽然非常让人亲近，但是，你却能感觉到他内心蕴藏着强大的能量。"

她接着说："有一天晚上，我正在打字，坎初仁波切来了，他看上去非常疲惫。他扫了我一眼，刹那间，我看着他，如同面具掉落了下来，我仿佛被电击中一般地跳起来，浑身开始发抖，感觉到有一道电流流向我的全身。坎初仁波切意识到了什么，立刻起身向我走来，他说：'很抱歉，我绝对无意做这种事，我真的很抱歉。'他吩咐一位僧人送我回家。那天晚上，我颤抖不已。事情就是这样，他拥有巨大的能量，但他一直把它藏在里面。他真正是一位非常仁慈善良的人。他很有趣，又充满爱心。有些人认为他冷漠，难以亲近，但我觉得他是感情充沛之人，他既像父亲又像母亲。"

她继续说："我们的关系简单而且融洽，一点儿也不复杂。我从来没有怀疑过他是我的喇嘛。他从来没有怀疑过我是属于他的。他总是说：'你是我的比丘尼。'虽然我与其他喇嘛也很亲近，但是却都没有那种相互的关系。我的第二位喇嘛是萨迦·天钦崔金，当我坐在他的身边时，我突然间产生了对坎初仁波切的想念，就像害了思乡病一样。这种感觉就像是你对自己母亲的想念。虽然我们还有其他仰慕与喜欢的人，但是，对任何人都不可能产生像对母亲一般的特别感觉。"

她说："你与自己的喇嘛之间的关系是如此的密切，这种深入的层次是与众不同的，它怎么可能与一般的事情一样呢？这种关系是几世形成的。你真正的喇嘛誓愿带领你直到你开悟，还有什么事情比它更密切呢？"

另一位与坎初仁波切有过很深接触的是周甲仁波切。他是坎初仁波切的主要弟子之一。他在康区就开始跟随坎初仁波切，他对坎初仁波切做了更清楚细致的描述。

周甲仁波切说："坎初仁波切真是令人不可思议。不论发生什么事情，他的心念都不为所动，我注意到他在印度同以前完全是同样的一个人。他从不在意必须亲自购买水泥建造寺院，他与当地所有的人都能和谐相处，一起说笑，与印度店主相互拍肩问候，当地的人们都很喜欢他。此外，他的世界观广大，也很宽容，他与回教徒和印度教徒都能在一起讨论各自的宗教。"

二十一岁的丹津·巴默放弃了许多东西，包括她的国家、家庭、背景、头发，以及对世俗物质的所有渴望，但是，她的生命中还有一样东西没有解决。她出家不久后，收到约翰·布洛菲尔德的一封信，邀请她前往他在泰国的家，与他及他的妻子共住一段时间。丹津·巴默非常喜欢这个美妙的想法，泰国是个佛教国家，约翰又是一位心地善良的人，如果在他家里闭关修行，一定比达胡西市的环境好很多。她请求坎初仁波切允许她去泰国，坎初仁波切欣然同意了，但希望她能早点儿回来。

当她抵达约翰的家里，发现她的日本男友也在那里。她曾经写信透露了自己将要出家的消息，因此他们已经取消了订婚。但是，当他从一位朋友那里得知，她将来到泰国时，他还是决定再试一下，看是否还有机会。他并没有被她的光头与毫无曲线的僧袍所吓倒，日本男友再次向她求婚。丹津·巴默明显有些犹豫了，她只是一个初级的比丘尼，坎初仁波切只是智慧地教导她遵守“不杀生”的戒条。而这位日本男孩一如往昔地吸引她。

她回忆说：“我们的相处美妙极了。我们在一起时觉得很自在，好像一直都是相识相知的。那关系是温柔亲密的。他是一个非常可爱的人。一天，他拍死一只蚊子，我说：‘你在做什么？’我开始告诉他，蚊子也有感觉的，它们的生命与我们的生命一样可贵。蚊子最宝贵的就是它的生命，它是不希望被人拍打的，因此，我们也不应该杀掉其他的生命，当我们夺取了其他的生命时，就永远无法将生命再还给他们了。我说完这些，他开始抽泣起来，说：‘为什么以前没有人告诉我这些事情呢？’他十分善良。他从来没有说过别人的坏话，他既可爱又聪明，非常非常特别。我心里想，自己再也不可能遇见像他这样的人了。因此，放弃他就是一种‘出离心’。”

日本男友建议丹津·巴默到香港住上几个月，并留起长发，然后再去日本。她被诱惑着，同时很伤感。她坦白地说：“我想，我今年二十一岁，放弃他，我将永远永远没有接吻的机会了。我还太年轻，我希望有机会照顾他，让他开心，和他生活在一起。我希望做那方面的事情，以另一种方式表达自己的情感，我希望能与他享有那种关系。但是，当我有机会做这些事情时，我只需要一段时间过这种生活，我并不希望永远过这种生活。身为比丘尼，我产生了挫折感。我头脑里又闪现出与他同居一段时间的念头，我想如果我们关系恶化了，我再回去做比丘尼。”

当时还有其他一些原因诱使巴默改变主意。达胡西市的生活状况非常严酷，坎初仁波切的寺院还没有重建起来，所有人都住在帐篷里。他们必须经常行走在及膝高的泥泞中，那里没有抽水马桶，也没有干净水可以喝。这位日本男孩的父母刚搬入一栋新建的传统式房屋中，他们邀请丹津·巴默一起居住。她从心底知道自己一定会喜欢那里的房屋的，巴默内心进行着越来越激烈的挣扎。无论如何，慢慢地，她最终做出了决定。

她说："我不断地思考着，十年后，我将对什么事情感到最遗憾？是跟随上师修学佛法的机会，还是享受一点儿世俗世界快乐的机会呢？这件事情是如此明显！人们持续地寻找享受世俗快乐的机会，最后能得到什么呢？这怎么能与跟随喇嘛的机会同日而语呢？"

最后，中国最古老的书籍《易经》帮助她下定了决心。约翰正好将这本书翻译了出来，丹津·巴默帮助他做校对工作。约翰教给她如何布置《易经》神坛，以及投掷蓍草棍子，再观察棍子落下去的方位，决定如何阅读卦象。她决定询问《易经》第一个也是唯一个问题：她是应该去日本，还是应该回到印度？《易经》给出的答案是"去更遥远的东方对她不利，她应皈依圣人"。

这个答案真是再清楚不过了。丹津·巴默现在知道自己应该选择哪条路了。但是，放弃世俗的爱还是让人伤感。那天晚上，她躺在床上一边流着泪，一边想念着自己放弃的东西。她祈求上师帮助，坎初仁波切听见了她的呼唤。

她解释说："当我祈祷时，我感觉到自己全身都充满了金光，还听见坎初仁波切的呼唤：‘立刻回到印度！’之后，我感到快乐极了，并且全身充满了恩赐。”

第二天，她就去购买了回印度的车票。此后，她再也没有见过那个日本男孩。

6

恐惧女性

这本应该是一个荣耀神召的开始，但相反，她进入了一生中最悲惨的一个阶段，这一阶段前前后后持续了六年之久。

丹津·巴默做出最后决定后，内心不再挣扎矛盾。她回到达胡西市，准备全心投入比丘尼生活，从而踏上最完美的道路。这是她这一生中真正想要追求的东西。她全身心地投入，专注于这项事业之中，她被这种远大的理想激励着。这本应该是一个荣耀神召的开始，但相反，她进入了一生中最悲惨的一个阶段，这一阶段前前后后持续了六年之久。

也许是命运的安排，也许是业力牵引，丹津·巴默成为坎初仁波切唯一的比丘尼弟子。同时，她发现自己处在了一个非常奇怪的情境之中，她是一百名僧人中唯一的一名女性。

丹津·巴默就这样走进了这个全然的男性世界。如果她不是一位西方人，如果她不曾被指认为坎初仁波切的跟随者之一，如果没有印度的相遇，所有这些事情都不可能发生。然而，由于她是一名女性，使得她所处的地位和环境让人感觉不舒服。也许只是因为这些僧人不知应该如何对待她，也许他们从小就被教育，对待女性要小心警惕，尤其是对待年轻并且富有魅力的女性。平时，这些僧人都非常温和，富有人情味，但他们却对丹津·巴默始终保持着一段距离。这种情况，对于一位正渴望得到亲密关系，刚拒绝了男友感情的年轻女性来说，的的确确影响着她的情绪和健康。

她回忆说：“当时的状况真是太可怕了。我很痛苦，非常希望能够去爱别人，但却与他们无法接近。那种情况，你总感觉如同隔着一层玻璃，只能看得见，却无法靠近。那种被隔绝的感觉让人非常痛苦，尤其当时我还很年轻，未来的时间又很漫长。唯一与我接近的人就是坎初仁波切，他有时把我拥在他宽阔的怀抱里。那时我不快乐，每天晚上都会哭泣。”

由于是女性，巴默不能与团体里其他人一起居住，不能参加他们日常的活动。这种情况更加深了她的孤独感与被拒绝感。她白天在寺院的办公室里担任坎初仁波切的秘书，晚上一个人回到城里自己独居的地方。她在一栋破旧的房屋里租了顶楼小房间，房子看上去有些奇怪，而且很小，只容得下一张床与一张桌子。她的洗澡盆只是一个冷水蓄水池而已，所谓厕所就是一个水桶。她一个人吃饭、睡觉，既不属于居士团体，也不属于僧团。

她说：“后来，还有人问过我在山顶洞穴里是否感到寂寞。事实上，我在洞穴里从来不觉得寂寞。而当我在寺院里时，才真正感到寂寞难耐。”

很有讽刺意味的是，她情绪上的不满和对感情的渴望，最后对她反而产生了帮助。她解释说：“有天晚上，我反观自己的内心，看到这种执着与获取的情绪，发现这种情绪是我产生巨大痛苦的根源。当我清晰地看见这些时，一切痛苦忽然离我而去。从那时开始，我不再向外界索求些什么了。”

因此，丹津·巴默开悟到了不执着的重要性。佛教徒的基本信念是不执着，它是达到圆满的重要过程。佛陀说：“如果一个人将其他人分别看作朋友、敌人或陌生人时，他怎可能对所有生命都产生慈悲之心呢？”佛陀的话听上去很合理，但是，一个人要做到不执着也是很难的。在现实生活里，大多数人都希望活在世俗世界中，而不希望生活在那种高度平静的境界之中。后来，丹津·巴默对此作了非常尖锐的评述：“人们总是问我怎样才能保持平静，不再愤怒，但是，没有人问我怎样才能放下欲望。”

在丹津·巴默没有开悟到不执着之前，她在达胡西市的情况已经越来越糟糕了。她被排斥在外，最难以忍受的就是她不能接受藏传佛教的传法与神圣的仪式，这些是藏传佛教最精华的部分之一，包含了直接获得开悟的方法，也是丹津·巴默出家为尼最希望学习获得的。她已经非常接近达到圆满的道路，却又被拒绝在门外。她被拒绝的理由，纯粹因为她是一名女性。他们说，女性从来不曾被允许接近这些神圣的真理。当寺院中举行法会和仪式时，她不能参与其中，只能坐在门外观望。当她要求得到神圣经文的教导时，她再次被拒绝了。她被交托给周甲仁波切，他教导她一些好的而且很简单的佛教故事。他们认为一名女性，或是一名西方女性，只应该以这种方式开始学习。

这些让丹津·巴默非常沮丧。她说：“那种感觉如同参加一场盛宴，食物如此丰富却只允许吃一两块面包。我几乎快要疯掉了。我不能更深入地学习东西。”她继续说：“但是如果我是名男子的话，事情就会完全不同，我就可以参加所有的仪式了。那正是一个男性主导的世界，我好像参加了一个庞大的男性俱乐部。那些僧人表面上对我很友善，但在他们内心深处，却存在着一种厌恶情绪。他们认为，女人生存在他们的领域里是一种挑战。”

丹津·巴默的忍耐达到了极限。这也是所有渴望灵修的比丘尼共同遭遇的问题。多少世纪以来，她们都遭受着这样不公的对待，她们受够了。当那些男性同修在寺院大学里游学，全神贯注于深奥的学理与精彩的辩证之时，比丘尼却被安排在小比丘尼寺院里。她们不能读也不能写，只能做一些简单的仪式，比如，为地方团体念诵经文等。还有更糟的事情呢，有些比丘尼被安排在寺院的厨房里，要求为僧人煮饭等。女性被隔绝于寺院组织之外，她们没有地位，也无法深入学习，在灵修领域里她们连初学者的资格都够不上。这就是女性喇嘛与女性上师无从诞生的主要原因。

南传佛教的比丘尼遭受的待遇比这还差。泰国的比丘尼遇见任何僧人，都必须跪下来，再慢慢向后退。她们不可以用身体碰触到僧人的静坐垫。比丘尼的胸部如果太大还必须用东西绑起来，以免看起来过于女性化。

女性被歧视这个问题的根源，必须追溯到佛陀时代，甚至更早。女人被视为奴隶，没有自主权。在这种情况下，佛陀拒绝接受女人进入他所设立的组织结构之中。有人说，佛陀认为，对弱势的女性来说，托钵化缘的生活实在太危险了。但还存在一些更恶毒的说法，他们认为女性是比较劣等的生物，根本无法获得开悟。他们说，女性是污浊的，她们不洁的身体使她们不能得到开悟。当佛陀的弟子舍利弗听说一位八岁女孩获得开悟时，他用怀疑的口吻说出了一句结论性的话："没有人会相信这件事情，因为女性的身体是污秽的，她们绝对不可能承载真理。"这话显示出人们对女性求佛的不公正的看法。

丹津·巴默发现，这些事情对女性造成了严重的影响。她们在灵修道上，对自己完全失去了信心。她评论此事时说："女性的主要祈祷，就是转世为男身。她们在各方面上的能力都被严重低估，这实在太不公平了。有一次，我探访一所比丘尼寺院，那些比丘尼刚听完一位地位很高的喇嘛的演讲回来。这位喇嘛告诉她们，女性是不纯洁的，她们的身体是劣等的。这些比丘尼听后很沮丧，她们的自尊受到严重伤害。当人们告诉你，你在各方面都是没有价值的，你怎可能真正灵修呢？"

巴默继续说："我曾经问过一位地位非常高的喇嘛，女人可以成佛吗？他说，女人可以接近最高层次的境界，然后，她们必须转变成男身。我说：'男性的一个阳具器官对于成佛为什么那样重要？一个男人的身体为什么那样了不起？'然后，我问他：'身为女人有什么益处吗？'他说要回去想想。第二天，他告诉我：'我想过这个问题了，我的答案是身为女人没有任何好处。'我想，身为女人的益处之一，就是我们没有男性那么自我和自大。”

丹津·巴默在这种不快乐的感觉以及明显不平等的处境驱使之下，开始探究成佛道路上何以会有这种厌恶女身的说法。她找到了令人振奋的答案。她说：“佛陀从来没有说过女人不能成佛。在早期的经典中，佛陀谈到人身有三十二个地方需要深入冥思。修行者必须观想到皮肤的脱落，然后才能看见身体里面就是内脏、血液、脓汁、粪便等。佛陀有两个目的，他要人们不再执着于自己的身体，同时也不要迷恋他人的身体。他的说法是指，当人们看见一具充满了脓汁、血液与排泄物的骷髅时，他将不再对躯体着迷。但是，佛陀的话语到了后世却彻底地被改变了。龙树菩萨在公元二世纪曾写到，还有寂天菩萨也说过，这种观修的主要对象变成了女性的身体，修行者必须视女性的身体为不洁净的。”

她强调说：“佛陀是真正开悟了。他看见事物的真实相貌。但是，其他人只是利用佛陀的洞见来达到自己的目的。因此，他们没有将注意力放在自己对身体的执着上，反而将佛陀的教导作为一种激发对女性厌恶的方法。如果你处于寺院的环境里，视女性为敌人是有用的。”

除了这种广泛的悲惨遭遇之外，丹津·巴默还必须面对她与周甲仁波切之间挑战性的关系。周甲仁波切被委派来教导她佛法，他比丹津·巴默年轻几岁，人很风趣。他与坎初仁波切几世以来都有密切的关系，因此，他与丹津·巴默也曾经有过某种关联。周甲仁波切不但是一位得到指认的转世传承上师，在这一世上，他同时也是一位被人赞赏的艺术家。

他曾目睹寺院中的艺术作品被毁坏的情景，这些经历，使周甲仁波切变成了一个非常敏感紧张的人，这使得丹津·巴默很难与他相处。

她说："我们的关系很亲密，但是又充满压抑。事实上，我视他如同一位圣人，这位圣人住在山里画月亮。我受到他的性情的影响，他心情不定、神经过敏，因此，我永远搞不清自己与他之间应该怎样定位。老实说，这是我遇到的最难的一种关系。我觉得一定是业力，它必须在这一世中得到解决。"她曾经请求坎初仁波切指派另一位老师来教导她，但是，坎初仁波切坚持说："不行，周甲仁波切是你的老师。"

她的藏语听说和阅读能力都不够好，这更加深了她的疏离感。她在伦敦参加的史耐格夫课程只教会了她非常初级的藏文。她说："每个字我都必须查字典，那实在耗费了太多的时间。没有人懂得英文，我与周甲仁波切以西藏式英文来沟通。这是坎初仁波切的问题。他不是一个希望吸引大群西方跟随者的赶时髦喇嘛，如果你想和他在一起，你必须依照他的方式学习西藏文。"

最后，丹津·巴默终于能够用藏语交流了，并且能够顺利地阅读藏文了，她甚至喜爱藏文胜于翻译的文字，因为译文完全丧失了诗韵，以及原文中可以净化心灵的气氛。但是，当初她必须从不熟悉的课本中吸取意义，确实是很艰苦的。

很长一段时间内，她处于排斥、偏见与藐视之中。没有任何人劝她以另一种方式来应对。她从来没有听说妇女解放运动，更没有看见过像焚烧胸罩这样的行动，也不曾读到过杰梅茵·格里尔的书。杰梅茵·格里尔在《女太监》一书里有如下革命性的字句，那就是，“女性本身并不十分清楚，男性有多么憎恨她们。”当巴默离开英国时，革命还没有发生。更何况，在当时的那个年代，她也找不到任何女上师来帮助她。

她说：“后来，我开始思索，这总是不对的，我感觉十分悲哀。我被拒绝的原因纯粹因为自己是一名女性。”随着修行的深入，这种感受日益加深，最后终于到达了最高点。丹津·巴默从内心深处立下誓愿，她说：“我将生生世世以女性之身诞生，直到获得开悟。”她要以女性之身获得证悟，从而启发全世界成千上万的女性走上求佛之道。

她发下强烈的誓愿，即使今生无法完成许多事，但是这份心愿会继续下去，像河水一样向前流。在昙花一现的生命中，她将以女身出现，而不是男身。

不过，对待这件事情，她并没有采取十分强硬的态度，她只是觉得在灵修道路上，男性不应该完全占有主导权，这种权力分配现象必须加以修正、改进。她只是简单地指出：“不管男性还是女性，当然这只是相对的事情。但是，我们如今生存的世界是一个相对的世界，我们非常缺乏女性灵修老师。因此，身为一名女性比较有帮助。”

总之，这是让人感觉忧郁的氛围，不过偶尔也还会有些光芒闪现。巴默在达胡西市生活了一年后，她那位自信的母亲从英国前来探访她。母亲写信跟她说：“在我生命中，我希望能够做一些有益于人生的事情。”丹津·巴默回信：“那么，你为什么不把房子卖了，到我们这里来与喇嘛们见面呢？”

母亲听从了她的建议，如期来到达胡西市。母亲给巴默带来了鲍勃·迪伦的录音带，希望让女儿得知西方文化的最新发展。母亲到达印度之后，对印度的所有都表现出喜爱之情，比如印度的生活方式、佛教教义等。母亲最后下定决心，就像她的女儿一样，请求坎初仁波切为她皈依，从此正式走上求佛之路。皈依仪式的早晨，母亲还躺在床上时，仁慈的度母面带微笑，出现在她眼前，还递给她一朵花。

丹津·巴默说："母亲在印度生活得很愉快，度过了一段美好的岁月，她希望未来的日子长住于此。但是，印度的食物、气候与艰苦的生活，母亲适应不了，十个月后，她回到英国了。"

日子就这样一天一天过去了。每到周六的时候，她们都会去享受一顿甜品，偶尔还举行一些野餐，要是藏式野餐的话，就会连续几天几夜。有一种很有名的野餐，一开始一办就是三天，然后持续了十天，最后甚至延长到了二十天。野餐吃的食物很差，但是藏族人却兴致昂扬。

一九六七年的某一天，出乎意外，她忽然获得了四百卢布（八英镑）。于是，她前往不远的锡金，接受大宝法王噶玛巴为她举办的具足戒。一旦接受了具足戒，就代表正式进入僧团，文学上叫"出离"，也就是成了一个无家可归的人，不过，丹津·巴默早已成为无家可归的人了。十年来，坎初仁波切都没有为这种仪式做任何准备工作，但是丹津·巴默不想等待得更久了。她希望坎初仁波切为她举行这种仪式。

这是一个值得纪念且让人印象深刻的仪式。在出离的仪式中，大宝法王弯下身来，低声对她说："你是第一位接受我任命的西方比丘尼，你从未结过婚，也没有生过小孩，所以你比别人容易被诱惑，跌倒的可能性会更高。你必须非常坚强与小心行事。不论以后发生什么事情，你一定要坚持下去，永远不要放弃自己所受的任命。"

这份责任确实是击中了目标，在巴默的未来日子里，永远指引着她。

这一天过得很漫长，仪式延续了大约三个小时，整个过程全部用藏文进行。仪式结束后，丹津·巴默回到房间，一头倒在床上，立刻睡着了。后来，激烈的敲门声和喊叫着"乌夏来了，乌夏来了"的声音，才吵醒她。

她说："我马上从床上跳起来，冲回寺院，心想一定有什么重要人物来了。当我到达寺院时，发现大宝法王坐在侧屋里的一个高高的宝座上，他面前摆放着一个盒子，里面装着帽子。我立即明白了，'乌夏'是对帽子的一种尊称。大宝法王即将举行黑宝冠仪式。"

丹津·巴默秘密地参加了一项藏传佛教中最神秘有力的仪式活动。据说，这顶黑宝冠是由十万空行母（有法力的女性神祇）以头发织成的，黑宝冠像皇冠一样，人们认为它很神秘，具有威严的神力。信仰上说，这顶黑宝冠天生存在于大宝法王的头顶上，只有那些具有纯洁眼光的人们才能够看见它。能够看见它的人们，即将得到解脱。

大宝法王将这顶世间复制品拿了出来，将黑宝冠高高地举在半空中，然后放在自己的头顶上，念诵着观音菩萨真言咒语“唵嘛呢叭咪吽”，在他的意念中塑造出一顶真正的黑宝冠。丹津·巴默就坐在大宝法王的足下，她一下子彻底地被征服了。她说：“我的所有情绪已经完全得以平息，此时，衷心奉献的眼泪从我的脸上开始自然地流下来。仪式结束时，所有人都起身到前面接受加持，而我却无论如何都无法移动自己的身体。我整个人完全被掏空了。当众人都离去后，我还一动不动地呆坐在那里。大宝法王伸手拉我起来，我起身走向他。他把两手放在我的头顶上，为我加持。”

第二天，巴默去了老伦图克寺院，这所寺院曾经属于大宝法王，如今已经废弃不用了。在老伦图克寺院里，有一个房间的砖块上有一个洞，突然一股冲动电击了她，她将自己的手伸入洞里。她拉出一个骨制的、由一片片美丽的雕刻组成的物品。它们串在一起，像一张网一样，看上去好似金刚瑜伽母（藏传佛教有威力的女性神祇）的衣着。她曾发过誓，“不可拿非他人赠予的物品”，于是她又将它放回洞里。后来，她把这件事告诉了坎初仁波切，坎初仁波切对她说，她应保存这个东西，他说：“那是给你的。”

巴默在达胡西市过着暗无天日的生活，但是与拓炯的会面却深深地影响了巴默，给她带来了希望。拓炯是很传奇的人物，他们是被任命的僧人，在坎初仁波切的团体中，他们是取得巨大成就的瑜伽士。他们长期修行，头发变得很可怕，他们穿着邋遢的白裙子，看上去像东方的拉斯特法里崇拜者。据传统，拓炯的数目永远是十三。但是，在达胡西市，当时只有七位。他们在很小的时候，因意念纯洁而被挑选出来。

他们脱离其他的一般僧人，接受最严格与秘密的训练。有民间传说，他们能够做多种神秘表演。有一位拓炯的祖先，他的名字叫作安卡·德尘·多杰，他结过婚，也有孩子。他有超级的能力，能够在众人面前使自己的形体消失，还能够让自己的整个家消失，包括他的牛、羊、狗，共计六十二种物品。据说，安卡是到净土摇手鼓，最初他的妻子与孩子们跟随着到了那儿，最后，那些动物也跟着去了。

那时，仍然有一些很不凡的高人。西藏曾有一位老拓炯，名叫阿谆，为提防自己睡着，他每天在断崖边上打坐。许多年来，他只依靠糌粑与水度日，吃喝完这两样东西后，他就以豹子吃剩下的残余物为食。一天，一只豹子突然发现他在挑食一只鹿的残体，就开始追捕他。阿谆立即觉悟自己对食物非常执着，他丢下鹿肉，回到自己的洞穴，空着肚皮，继续冥思。

大约有一年多的时间，丹津·巴默与这样一些非凡的人共同生活在同一个院落里。她有自己的一个小房间。晚上，拓炯们身披湿床单，坐在寒冷潮湿的屋外，学习如何运用体内神秘的热能（吐默功）的力量，将身体变干。她在房间里能听见他们在空中跳跃的声音，然后，他们再以莲花双跏趺的姿态降落到地面。她听见他们在一起唱诵经文。在众多的僧人中，只有拓炯把丹津·巴默当作团体中的一员。

巴默说："有一天，我去找他们，发现他们全部待在一个房间里面，赤裸全身，好像在准备做某种仪式。他们一点也不害羞，对我喊着：'阿尼拉（比丘尼），进来！进来！'但我却马上停下，转身退后，把他们的房门轻轻地关上。还有一次，他们邀请我参加一个法会。我走到寺院的后面时，有一位拓炯喊我，叫我到前面坐在他身边的虎皮地毯上。我试着学习拓炯的样子，坐在地上一连几个小时不动，我感觉非常寒冷。突然有一阵暖意袭遍全身，原来邻座的拓炯发现我冷，用他的长发盖住了我的膝盖，他用毛毯似的长发把我盖住。以前，我很担忧他们乱七八糟的长头发，认为头发里面一定长满了虱子。当我对一位拓炯说出这个想法时，他弯下身子来，让我检查他的头发。太神奇了，他的头发干干净净。他们在河里游泳时，长及脚跟的头发像绳索一样散放自如，有些小僧人会抓住他们的发绳，像荡秋千一样玩耍，像庆祝五朔节绕着花柱在舞蹈。”

她继续说：“他们在西藏被选为拓炯后，就被带到了洞穴，他们以为自己将成为瑜伽士，所以感到非常的兴奋。但是，在最初的三年里，他们被教导，除了观察自己的意念，修炼利益他人的菩提心，其他什么事情都不要做。在整整三年里，他们只做这一件事。但是他们说，在这三年里面，他们的意念转化了。后来的许多修炼都只是在这个基础上面继续加深而已。一次，有一位拓炯郑重地告诉我说：‘你认为瑜伽士进行的修炼是最高深、最伟大、最神秘的，只要得到教导，就会获得神奇的结果。但是，我告诉你，我进行的每一种修炼，你都得到教导了，一样都不缺少。唯一的差别是，我确实一一照着做了，而你没有。’”

巴默回忆说：“让人感到惊奇的是，这些瑜伽士和蔼可亲、平易近人。他们没有自我、超越自我，他们从不批判别人，不虚伪也不自大。他们是世界上最易相处的人，他们有着广阔胸襟。一次，有人给我一盘格里高利圣咏的音乐磁带，我尽力将音量调低，不要吵到他们。大约十分钟后，一位拓炯来敲门，问我：'我听不清音乐，你可以将音量调高一些吗？'他听了一会儿后，问我：'这是不是天主教的赞歌？'我告诉他'是的'，他沉思一会儿，说：'你觉得吗？我们的声音与他们不同。'之后，他有时自己进到屋里，播放圣歌听。"

丹津·巴默天生有一种照顾男人的本性。自从她拒绝那位日本男友后，这种本性被长期压抑了。她与这些拓炯生活得很亲近，这种本性又渐渐恢复。她说："我非常希望为别人服务，他们的衣服都是破烂不堪的，他们没有钱，也没有什么东西，有时，我帮助他们收拾下衣服，帮他们清洗干净，再修补一下。但是，他们非常吃惊，认为这些事情花费的时间太多，不让我继续做下去。"

拓炯教导丹津·巴默的第一个功课，在她心中留下了难以忘记的印象。他们告诉她："如果有人问你，你得到了什么样的开悟？你应当告诉他们'什么也没有'。因为与佛陀相比，我们的开悟什么都不算。而且，你越得到觉悟，越觉得没有什么事情可以觉悟。"

拓炯的这一忠告，她永远没有忘记，牢记在心。

一天，丹津·巴默听说还有拓炯玛这样的人，就是具有与拓炯相同能力的女性。她感到非常开心。她得知在康区有一个与坎初仁波切有关的拓炯玛组织，这些拓炯玛一直生活在一个很神秘的地方，进行修炼，并获得卓越的成绩。有人说，修炼的拓炯玛年老时，她们灵修的力量会在她们身上显现，她们看上去就像三十几岁一样年轻。但很可惜，这些拓炯玛后来由于某种原因，渐渐消失了。虽然是听闻而已，还是使她感觉非常兴奋。

丹津·巴默说："我听说，当她们聚集在一起举行法会时，她们将长发悬挂在绳子上。这样的法会男人都不准参加，只能从楼上的长廊向下观望。她们具有神奇的能量。拓炯告诉我，如果我认识了这些拓炯玛，将对他们这些拓炯不屑一顾。"

丹津·巴默说："我知道，拓炯玛正是我内心一直希望成为的人物。我不顾一切地冲到坎初仁波切身边，向他咨询。他非常喜悦地说：'以前我身边曾经有许多拓炯玛。现在，一个都没有了。我祈祷你能够成为帮助重建拓炯玛传承的法器。'"

与灵修道路上所有其他的希望一样，这个希望又受到团体的反对而无法实现，丹津·巴默仍然只能接受最初级的教导。最后，她彻底崩溃了。于是她收拾好行囊，和坎初仁波切道别。坎初仁波切曾经累世主导她，他们的相识是多么不容易啊。坎初仁波切听完巴默的告别，大声说："离开？你不能离开！你想要到哪里去？"

丹津·巴默回答："你将永远存在于我心中。但是，我必须到其他地方获得教导。不然的话，我临死都无法学到任何佛法。”

坎初仁波切说：“我可以向你保证，在你死之前，一定能够学到所有必需的教导。”然后，他安排了一位拓炯教导她。这项安排对巴默起到了很大的帮助，但还远远不够。她仍然对所处的状况感到不如意。有一天，坎初仁波切对她说：“是你离开的时候了，你可以离开这里，开始修炼了。”

她的实习生涯就要结束了。她抬头望着她的上师坎初仁波切，希望到尼泊尔修炼。上师摇摇头，说道：“去拉乎尔。”拉乎尔是印度北部一个遥远的山区，以许多佛教寺院与冥思者而闻名。更特别的是，有一些寺院是由六世坎初仁波切的某位弟子创办建立的，这位弟子与丹津·巴默在某个前世中，曾经很亲密。

这次，丹津·巴默欣然听从了上师的旨意。她简单地收拾了行囊上路了，从此她找到了一个可以容身的寺院团体。当时是一九七〇年，她二十七岁，另一段全新的生活向她招手。

7

拉乎尔

漫长的冬雪季节为长期闭关修炼提供了一个最完美的时机。对于心灵来说，这是绝对必需的先决条件。这也是她希望的事情。

没有一条灵修之路是一帆风顺的，丹津·巴默的拉乎尔之旅同样交织着艰辛和危险。这种困难仿佛是天意，是上天用来测试灵修者的决心的。一方面，遥远的喜马拉雅山谷由于长年的冰雪阻隔，一年中有八个月的时间是与外界完全隔绝的。丹津·巴默只能利用夏天短暂的几个礼拜才能进入山谷，她必须精确地计算好时间。另一方面，如果要进入这个神秘地带，必须经由变幻莫测的罗唐关口。罗唐关口的海拔有3978米高，许多人丧生于此。这个关口很神奇，“尸首的平原”是它的另一个名字。这一切艰难似乎还不够，丹津·巴默在这趟旅程中必须全程徒步。当时，拉乎尔与其附近的斯匹提，两个地方都未曾被开发。当时，那里没有修建完好的道路，也没有巴士满载着紧握《孤独星球》旅行手册的冒险者，更没有如同今日驾驶着摩托车浪漫旅行的年轻人。

天刚亮，丹津·巴默就开始攀登。她必须在中午前翻越罗唐关口。

即使是盛夏季节，下午也会刮起莫名的邪风，将山顶的积雪吹落，让大意的旅客辨别不清方向而迷路。若在罗唐关口迷失一晚上，那就必死无疑了。当地政府非常清楚关口的危险，所以在丹津·巴默出发前，坚持让她写下保证，如果巴默遇难，当地政府可以完全不负任何责任。丹津·巴默都欣然地同意了。

丹津·巴默向罗唐关口前进，走过了有树林的地带，越往上前进，泥土道路越荒凉崎岖起来。路上，偶尔会看见零星的牛群，以及一小群野马等。远处，还能看见一只体格巨大、孤独的兀鹰骄傲地栖息在一块巨石上。在如此海拔高度，山上已没有了松树的覆盖，斜坡陡峭、凹凸不平，而且光秃秃的，路面上还有一些邻近山峰崩塌后留下的一堆堆松动的石块。即使是夏季最炎热的日子，山里的风依旧寒冷。丹津·巴默丝毫不气馁，继续向上攀登，直到她到达最高点。功夫不负有心人，她的努力最终得到了奖励，一个非常神奇而美妙的景象展现在她眼前，正张着翅膀欢迎着她。

她说：“山顶广阔平坦，延绵大约一英里长，四周环绕着雪山，天空是那么清澈，呈现出一尘不染的深蓝色，真是太美妙了。在那儿，我遇见了一位喇嘛，他手里携带着一面手鼓与一条人腿骨，这是他在仪式中使用的号角，用以提醒自己什么是死亡。后来，我与他同行，两人一起翻越了关口通道，我们几乎是一路滑到底。”

当她抵达最低点时，她突然发现自己进入了另一个世界。她回忆说：“我一下子仿佛进入了香格里拉，从印度文化转为西藏文化。”

丹津·巴默一下子进入了世界上最古老、最有权威的佛教大本营之一，它已经存在了几个世纪之久。此地比较隐秘，深藏于广阔的山脉和狭窄的山谷之中，佛教就在这一地区强盛起来了。有许多神秘的隐士独自在洞穴中修炼，更增加了这种隐秘性。几年过后，这些隐士的高深灵修已经成为一种传奇。有人说，拉乎尔的空气中都传达着灵气。只要踏上了这片土地，任何一位诚心修炼的人都能够进入更高深的境界。

一九七〇年，丹津·巴默到达拉乎尔。之前，拉乎尔的人与外面世界接触很少。他们远离二十世纪的文明，他们没有见过电视等电器。拉乎尔人样子美好，性格单纯，他们完全活在自己的信仰中。他们一生中大部分时光都在种植马铃薯、大麦，以及饲养牲畜等。对于他们来说，一个白人的出现让他们惊奇。当丹津·巴默穿着金黄与茶栗二色的僧袍来到拉乎尔人之中时，混乱情绪与不信任的感觉在人们之中蔓延。他们怀疑巴默，这个长得怪模怪样的人来这里做什么？一个西方人怎么可能是佛教比丘尼？当时，谣言很快四起。后来，当他们亲眼看见丹津·巴默真诚的灵修生活以及彻底的奉献精神时，他们才渐渐放下心来，也开始接受她成为他们中的一员。后来，在当地，她以“萨钵·卧默”（意指欧洲尼姑）而闻名。她在洞穴中一个人度过漫长的闭关生活后，更被尊称为一名圣人。

丹津·巴默的目的地是塔尤寺，藏文的意思是“拣选的地方”。这座寺院大约有三百年的历史。寺院包括一个精致的图书馆，收藏完好的宗教布艺绘画，以及一个莲花生大师的大塑像。莲花生大师是一位伟大的圣人，是他将佛教带入了西藏，在佛教的传播上做出了巨大贡献。

来到塔尤寺，丹津·巴默的生活状况明显得到了改善。过去的几年间，她常常从一间小租屋搬到另一间小租屋里，现在她终于得到了自己的房屋。这间房屋由泥石砌成，位于寺院后面的一座山上。寺院中居住的都是独立的比丘与比丘尼。她非常喜欢这里的人们，生活得很幽静。她逐渐结交了许多朋友，与一位名叫泽林·多杰的男士接触很密切。巴默称他为“我的拉乎尔兄弟”。多杰出身于拉乎尔最古老、最有名望的贵族家庭，他身材高大，脾气暴躁。他收集了来自世界各地的许多好书，学习了许多知识，赢得了学者的名声。

多杰对来自欧洲的比丘尼丹津·巴默有着怎样的看法呢？多杰说：“在巴默没有进行严格闭关前的夏天，她曾来我家小住了几天，和我家人一起参加家庭活动。我记得，她永远面带微笑，并且有菩萨心肠。她希望将自己所有的一切都给予别人，当然她拥有的很少。她只愿意谈论佛法，其他什么都不谈。她总是非常严格地对待有关佛法的事情。我没有把她看作圣人，我只是敬仰她的修炼与她的宿缘。我相信，她的前世对今生有很大的影响。有时，我也将她与大卫·妮尔相提并论。”大卫·妮尔是一位著名的法国女性，二十世纪初，她假扮为一个男人，偷偷进入西藏。她写了大量关于西藏的魔力、神秘与传奇的文字，引起大众对西藏古老而深奥的智慧的兴趣。甚至她被冠上了“喇嘛”的称号。

泽林·多杰继续说：“我读过有关大卫·妮尔的所有书籍，

找到了巴默与她的共同点。她们都是女性，都很勇敢，都是冒险者，都深深地被藏传佛教所吸引。相比之下，丹津·巴默比大卫·妮尔更加着迷于深入灵修的道路。当巴默在洞穴里居住时，我曾经很为她担忧，虽然她有比男性更强的意志力和决心，但是，她并不是很健壮的女性。”

现在，丹津·巴默终于进入了一生中一个非常愉悦的阶段。她可以开始独自灵修，她感到巨大的满足。漫长的冬雪季节为长期闭关修炼提供了一个最完美的时机。对于心灵来说，这是绝对必需的先决条件。这也是她希望的事情。然而，团体中的其他人却不能分享她的奉献精神。

一位迎接她的老女尼对她说：“你将需要十八个杯子与盘子。”

丹津·巴默困惑不解地问：“为什么？”

老女尼回答：“亲爱的巴默，冬季我们都聚在一起举行晚餐会。我们一共有十八位女尼，当我们来到你的家中，你需要准备十八个杯子与盘子啊！”

丹津·巴默立刻很直率地回答：“如果有人来到我的地方，他们可以自己带来杯子和盘子啊！更何况，我准备开始在冬天冥思修炼了。”她将采用坎初仁波切建议的冥思修炼方法进行修炼，这些修炼是她到洞穴中长期闭关的主要活动，不过都是一些比较初级的修炼，有一连串的仪式，如大礼拜、供曼达等。这些仪式都必须做上万次。据说，这些重复的练习有助于调柔心念，为更繁复深奥的冥思做预备。她一点也不松懈地进行修炼，研习神圣崇高的经文，对佛教经典有了进一步的认识。在拉乎尔，没有人会讲英语，因此她的藏语得到了飞跃。

夏秋两个季节，是她休憩与贮存食物的日子，为即将来临的漫长而寒冷的冬季做准备。巴默在这两个季节里会参加一些社交活动以及玩乐，偶尔还会狂欢一下。她回忆说："秋收后，有一段特殊时期，我们会去附近的村庄，做传统的托钵巡行。每到一户人家，我们就会在屋外念诵一段祝福的祷辞，然后屋主会走出来，叫我们进去。屋主们拿出他们最精美的地毯铺在地上，将最雅致的瓷器与银具放在特殊的藏族小桌上。我们围坐下来，背诵最喜爱的祈祷辞，如二十一度母赞，带给他们祝福与保护。他们还会给我们喝咸茶、甜茶，以及自己酿泡的豆茶。如果有其他食物的话，他们也会给我们吃。有时他们会说一些地方上的闲言闲语给你听，再把大麦粒及蔬菜放入我们的背包。做完一家，我们再到第二家、第三家……"

"这种托钵巡行刚开始很有意思，我们在天亮前走一两个小时，脚冷得发麻时到达第一户人家，屋主奉上的新鲜的热茶，简直太完美了。但是，一天结束时，我们的背包与胃就会越来越满，胃里翻来覆去的，只想呕吐，真想请求他们不要再给我们更多的食物了。但村民们非常热情，最后，我收集到了大约五十到八十千克的大麦，对我来说，这实在是太多了。"

收集完大麦，事情还不算结束，丹津·巴默必须烘烤大麦，再到附近的磨坊里将它磨成面粉。面粉可以与茶混合，或是搓成圆面球，制造糌粑，这是藏族人的主食。她已经习惯这种食物了。

这样的生活，丹津·巴默一直过了六年。偶尔她会冒险离开小村庄。每年夏天的某个时刻，她都会回到大吉镇探望坎初仁波切，报告她的灵修进程，接受进一步的教导。这是很重要的事情。上师是世上最了解他的弟子心念的人，他能够指导她走在正确的道路上，保证她在今生中获得最大的进步，步向开悟。

一九七三年，她回英国探望了母亲。这是她十年来第一次回到家乡，这次回乡让她见识了外面世界。她母亲从贝斯纳绿地街搬到了伦敦西区的中心地带，给一位有钱的加拿大人当管家，加拿大人有一栋豪华的公寓。丹津·巴默曾经居住在小石屋中，过着自己提水的生活，如今她的住处距离豪华的海德公园只有几步之遥。她现在可以睡在软绵绵的床上，屋里铺满了舒适的地毯，还有中央空调、两台彩电，以及西方文明所能提供的所有现代设施。这种享受生活对于一般人来说，可能会让他们陶醉其中，但丹津·巴默却感到十分厌烦。

她说："我无聊极了。我发现，伦敦的水不能喝，我甚至无法喝茶，因此我必须一直喝果汁。食物又太油腻，我病了，我的脑袋里好像塞满了棉花。我每碰到一样东西，就产生静电，我一直感觉疲惫。我告诉自己：'如果有一天，你以为快乐是建立在外在事物之上，那么就记住这次体验。'"

她发现，自己对以前的生活没有一点兴趣，她渴望回到拉乎尔的小石屋去。但她没钱买回去的机票。她经常面临身无分文的处境。这些年来，她与金钱之间已经形成了一种非常有趣、比较特殊的关系。同所有藏传佛教僧侣一样，她必须靠自己去寻找生活所需要的费用。因此，她必须依赖于他人的发心供养。但她下决心永远不向人讨要金钱，这使她经常处于不稳定的、极度贫乏的生存状态。她具有不凡的镇定心态，学习将一切放下，而她总是有办法生存下去。

她说："每隔一段时间，人们会捐赠给我一些钱，但数额通常并不多。我在达胡西当比丘尼的前几年，母亲每个月都寄给我五英镑。这些钱足够多，我只需要几个卢比，就能买到一盘米与扁豆，这是我赖以维生的食物。最昂贵的是放在茶里的奶粉。所有东西都可以依照自己的需要小额购买。当我回到伦敦去购买牛油时，售货员问我要新西兰的、澳大利亚的、德文郡（英格兰郡名）的，还是丹麦的品牌，要加盐还是不加盐的牛油，我吃惊得不知说什么好。选择实在是太多了！"

后来母亲无法再负担她的生活费。约翰·布洛菲尔德忽然写信给她，他与一位泰国公主玛苏摩决定供养她。

她说："我回信感谢他，告诉他我只需要他建议的一半金额就可以维持生活了。约翰说，如果他请一位泰国农夫吃顿饭，大约花费十泰铢，农夫会认为这是一笔大钱，但对他来说只是一点小钱，所以我也应该接受他的供养。玛苏摩公主去世后，约翰出了另一份钱，独立供养她。这种供养方式直到他去世为止。他曾经每年在银行账户里放五十英镑，当我需要用钱时才去提取。当我住在塔尤寺时，没有出门见人，得不到任何供养。他的捐献对我非常有帮助。”

但是，一个月五英镑或是更少的钱，即使在印度也是非常微薄的生活费，更别说有时连五英镑都没有。这种艰难的情况，教导她学会不执着于物质的基本原则，给予她难能可贵的信心训练。她平静地说：“我曾经有过身无分文的经验，身上连喝一杯茶的钱都没有。有一回在达胡西市，我身上连一个卢比都没有，我也没有地方可以住，没有钱买任何食物。我站在一个小山头上，一阵阵的孤独绝望以及不安全感袭满心头。后来，我想，如果一个人真正皈依了，并且虔诚地进行修炼，那么他就不必真正担忧这样的问题。此后，我再不会感到忧虑了。”

她说：“我学会了不惧怕，这并不重要。金钱有时会突然降临，通常数目不多也不少，正是我所需要的。比如，有一回，我去探访朋友，正需要八十英镑的车钱。当我到达时，钱包里只剩下十英镑。在我准备回家的那天，我住宿处的女主人递给我一个信封，里面正好是八十英镑的供养费。我笑着感谢她，这真是令人感到惊奇的奉献钱数，正巧是我所需要的钱数。事情就是如此。”

她继续说：“事实上，身为出家的佛教徒，我们不应该为金钱操心，不论这是一笔大钱还是小钱。我在亚洲旅行时，总是坐三等车厢，睡在朝圣者的房间。但如果有人发心愿意供养我，我不反对搭乘头等车旅行，或是住在美丽的地方。我们也必须学习不执着于简单或是贫穷。不论你身在何处，是住在老柴屋或是五星酒店，你都应该觉得像在家里一样，能够随遇而安。佛陀曾经受到国王与麻风病人的招待，对他而言都是一样的。密勒日巴大师说：‘我住在洞穴是为了未来的修炼者。对我而言，这个阶段里的一切都是没有关系的。’”

但是，当身处伦敦的丹津·巴默急切盼望回到拉乎尔市时，金钱绝对是必需的。她的忠实朋友约翰愿意给她提供一张机票，但这次，她却拒绝了。因为这事违背她的原则。她明确地说：“因为我在西方并没有修炼任何佛法。我不可能接受任何供养。”

她必须找份工作挣钱。于是，她一身僧袍、一头短发，就到就业部门找工作去了。她那非正统的外表并没有使就业部门的人感到忧虑，或许还吸引了他们的注意力。他们认真看了巴默的简历，巴默具备图书馆知识，有办公室经验，当过老师，这样的背景使他们很快就录用她在就业部门上班。她正是他们寻找的人才，他们需要一个人，帮助成立各行业的专门小组，面试申请职业训练的人士。虽然她已经有十年时间没有工作，但她工作非常有效率，就业部门的员工希望她继续做下去，协助进行整个计划。

丹津·巴默礼貌而快速地拒绝了他们。如果说，巴默对自己出家的生活曾有过半点质疑的话，她在就业部门两个半月的工作生活，很快就将那些怀疑感觉都驱散了。她说：“我感到非常悲哀。那儿都是一些中年人，他们自问：‘我这一生究竟是为何而来？’结了婚的年轻人每天被沉重的贷款缠身。他们不停谈论的都是电视上的那些节目。因为我穿着僧袍，他们对我不避讳，无所不谈。他们将自己的生活说给我听，问我各种问题。他们对我的生活方式与意义，感到非常有兴趣。”

二十世纪七十年代初，丹津·巴默的比丘尼打扮仍是与众不同的。事实上，她所到之处，经常吸引许多人。许多人对一个英国人做了佛教比丘尼感到不可思议，比较着迷。她信仰的价值观念，他们也很渴望了解。许多次，在某个社交场合里，有人说她像阿西希的圣方济各。有一回，一个穿着很讲究的男士在海德公园拦下她，说她长得太帅气，一定是法国人。还有一次，她搭乘火车，去威尔斯探望居住在那里的哥哥。在火车上，她偶遇两名警员，他们开始聊天，警官告诉她，他们正前往威尔斯去逮捕一名杀人犯。

警官对自己的任务明显感到无趣，问丹津·巴默：“你能否告诉我，我的生命意义是什么吗？”

丹津·巴默用因果的观念回答他。人的每一个行动，身、语、意等，都会带来相关的结果。简单地说，最终我们都必须为自己的生命负责。因此，我们要积极参与其中，这将影响自己的未来。他们一起聊了很长时间，两位警官很用心地倾听着。当谈话结束，警官靠近她，感激地说：“我想，供养佛教的比丘或比丘尼是一种规矩。”然后，他们递给她五英镑。

最后，她挣到了足够的钱，踏上回印度的旅途。她顺道去泰国拜访约翰·布洛菲尔德。约翰再次想要供养她一些钱。他说：“我知道你不愿意接受我的供养做世俗的事情。这些钱是给你到香港去接受比丘尼具足戒的。”

这个供养她无法拒绝。比丘尼具足戒将代表正式而完全地被佛教界接纳，继承所有的职权与威信。这是所有佛教比丘尼渴望获得的珍宝，但是只有很少人才能得到它。由于传统上的一些复杂原因，以及父权制度，没有一个佛教国家容许比丘尼获得代表荣誉与尊重的具足戒。因此，在佛教团体中比丘尼一直被归类到较次等的地位，一生也只能停留在这个地位。

丹津·巴默到达香港，披上中国佛教比丘尼的僧袍，正式被接纳成为佛教寺院团体的一员。在漫长的典礼中，她低头合掌站立。记者对此大感兴趣，整个过程中，镁光灯对着她闪个不停。记者们对此也广泛报道，她成了头条新闻。丹津·巴默成为第一位接受具足戒的西方女性，当地的人们深深地被她吸引了。但摄影记者没有抓拍到她头顶烧戒香的时刻。头顶烧戒香是仪式的一部分，一小截香留在比丘尼新剃青的头顶，慢慢地烧下戒疤，永远提醒她们自己所受的戒愿。丹津·巴默流泪了，但是，她的眼泪绝不是因为疼痛而流的。

她说：“我觉得自己受到的祝福太多了。”她后来将仪式中拍的照片给萨迦·天钦崔金尊者观看。他看了照片上的她，巴默的面庞被僧袍衬托得格外白皙，他说：“你看上去像是光头的圣母马利亚。”

最后，经过一些延迟，以及行程的改变后，她终于回到了拉乎尔。她重新开始这里的生活，并且重申自己的决心。夏天是她准备贮存的日子，冬天是她严格修炼的日子。她仍然不懈追寻着开悟之路。虽然她如此热情，意志力又如此坚强，但对于她所追寻的那种灵修精进道路来说，塔尤寺的情况还是不尽如人意，相差太远。

她说："如何取水是一个大问题。当你在闭关时，是不能被人看见的。所以我必须在夜晚的时候去取水。道路上都是雪，还有冰冻，我没有长筒靴，只好用塑胶袋把草鞋包裹起来，这样走起路来，路就更滑了。我一个礼拜取一次水。天黑后提着防风煤油灯，背一个大罐子，提一个桶子，一次取回三十升的水。这真是不容易，我必须学习节约用水。"

此外，还有噪声的问题。丹津·巴默刚来到此地时，迎接她的老比丘尼曾经告诉她，冬季是大家热闹聚会的日子。她说："当我想要闭关的时候，其他人将屋顶的雪全部扫落，把席子拿到屋顶上面，在那儿，人们开始热烈地谈天说地。在暖洋洋的大太阳底下，人们在屋顶上呼来喝去。到了晚上，人们用十八个杯子和盘子一起举行晚宴。这完全是社交的生活，我很难冥思。"事实上，人们聚集在一起，是为家庭纺织羊毛。主人们准备食物和饮料，客人纺织羊毛，每个人都尽一份力。

六年的生活都是这样度过的，丹津·巴默无法忍受了。她说："我到拉乎尔，是为了冥思，而不是社交。我决定搬家，找一个比较安静的地方。于是，我到寺院高处，寻找可以盖小屋的地方。"她站在高高的山顶上，向空行母寻求帮助。空行母是天上的佛母，她们有力量也有能量，愿意帮助灵修者。丹津·巴默与空行母一直有着特别亲密的关系。她以自己熟悉的方式向她们祈祷：“听着，如果你们帮我找到一个适合闭关的地方，我发愿好好修行。”她对这件事一直感到非常肯定与快乐。她确信将要发生一些事。

后来，丹津·巴默从山顶下来，第二天去找一位比丘尼。她说：“我想在寺院的高处盖一个屋子。”

比丘尼怀疑地问：“你怎么可能盖一个屋子呢？你一点钱都没有，哪来建筑材料的钱，还有工钱呢？你为什么不住到洞穴里面？”

“我怎么住在洞穴里呢？第一，在拉乎尔，洞穴很少。第二，有洞穴的地方没有水。有水的地方就有人群。”丹津·巴默指出问题关键。

比丘尼认为她说得很有道理，“不过，昨天晚上，我忽然想起一位老比丘尼曾经告诉我，山上有一个洞穴，附近有水有树木，还有一片草地。我们何不去找找看？”

比丘尼说完这句话，丹津·巴默心里就知道了，她惊喜地说：“那就是我要找的地方！”

第二天，她找了一群人，有寺院的喇嘛等，大家一起上山去寻找老比丘尼所说的那个洞穴。

8

洞穴

在所有世俗享受中，最极端的就是她连张床铺都没有。这并不是因为洞穴里放不下一张床，而是她不想要床铺。她矢志追随的是最严格的修行方式，她训练自己不睡觉。

丹津·巴默带领一小群人开始攀登矗立在塔尤寺后的高山，开始寻找洞穴。他们爬过陡峭的斜坡，越爬越高，跨越散发着清香的绿草，到达了佛塔之上一千米的地方，他们兴奋极了。这条道路十分陡峭，根本没有路可行，不是怯懦者或体弱者所能行走的。他们有时濒临垂直险峻的山谷，有时会遇到好几处有危险的大片碎石堆。他们必须小心跨越，如果稍微不留神，在光溜平滑的石头上摔上一跤，就可能丧命。他们丝毫不畏惧地前行，攀登了两个多小时，最终惊喜地发现了那个洞穴。

原来那个洞穴掩藏在山里面，几乎与山体合而为一。他们一群人明明走近了洞穴的上方，却都不知洞穴原来在此。这个洞穴当然不是人们想象中的那种洞穴，也不是好莱坞电影里的洞穴。洞穴不是山边的一个深洞，没有圆整的入口，没有平滑的泥土地，也不能提供一个温暖舒服的原始居住环境，这个洞穴非常贫乏。它只是山崖壁上的一个突起，其他三面暴露在外。洞顶呈倾斜状，人站在里面直不起身，必须弯着腰。后墙有点斜，而且凹凸不平。壁崖之外是峻峭的、呈V形的拉乎尔山谷。这个洞穴最多只是一个简易的避难所，实际上就好像是一个石块的缺口。里面小得可怜，最宽处只有三米宽、两米深，像是一个橱柜，又像是关禁闭的私人密室。

丹津·巴默站在崖壁处观望，感到景色美妙极了！她看到，广阔的山脉横亘在她的四周，她几乎与山的最高峰相互对望。现在正是夏季，只有山顶尖上覆盖着积雪，但是这里的冬季长达八个月。山上积雪将形成一座白墙，高高耸入那片原始、一尘不染、碧蓝空阔的天空中。那里天光是清澈明亮的，万物在阳光的照射下染上一层闪闪的光辉。空气安详、清新，同时有一种深沉的宁静。在这宁静的氛围中，只能听到脚下灰绿色的巴嘎河的水流声、风的呼啸声，以及偶尔的鸟儿拍翼声。洞穴的右手边是一个小杜松树丛林，可以作为燃料来源。左手边大约四分之一英里处，从一些石块中潺潺流出新鲜干净的泉水。洞穴的后面，庇护着她的是更多的山脉，就像站岗的哨兵一样。洞穴四周的环境透露出一股令人敬畏的力量，但从极度的隔绝状态中可以看出，这个洞穴与它的周遭环境能够使人平静与安心。巍峨连绵的山脉十分险峻，也很坚固，仿佛能够给予虽然远离人群但也会有的那种安全感。不过，这只是一种幻觉而已。山脉与万物都不是永恒不变的，这些恰是“缘起”的现象。

丹津·巴默找到的居住洞穴，位于海拔4400米以上，这种海拔高度相当于落基山脉惠特尼山的山峰高度，与瑞士

4800 米的勃朗峰相似，令人缺氧而眩晕。相比之下，英国最高的 1344 米的本尼维斯山，只能算是小矮人了。三个本尼维斯山才能到达丹津 · 巴默此刻所站立的地方。在这个高度，人的眼界被迫向高处或向外观看，心念也自动跟随着它向高处和向外观看了，眼与心都被迫超越凡尘的极限。难怪，孤独的冥思者都喜爱最高耸的山峰。

尽管这个悬崖绝壁的洞穴是如此狭小，丹津 · 巴默却愉快地接纳了这一切，她说 ："我立刻知道这就是我要寻找的洞穴。" 这个洞穴提供了巴默需要的全部，它像一只雄鹰栖息在世界的顶端。生活在这里，她将得到她渴望的彻底宁静与平和，绝对不会被世俗的喧嚣嘈杂所扰乱。这种宁静与平和对于她内心的追寻是非常重要的。她知道，所有的冥思者只有在最深的宁静之中，才能听见最优美的声音。现在她可以将自己完全埋藏在这个洞穴之中，不受任何外界的干扰去追寻灵修。有时，她从洞穴中走出来，静静地观看无穷的山脉与无尽的天空。但她看不见任何人，并且，外人也看不见她。

除了安静之外，这个地方还有更吸引人之处。意想不到的是，她来到了一个女性心灵能量的汇集地，她以女人之身开始寻求开悟。在她的洞穴对面的山峰上，有一块奇特的黑石头，当地人称它为"奇龙女"。人们无法解释在冬天它为什么不会被任何白雪覆盖。仔细看它，可以辨认出有一个披着披风、胸前怀抱婴儿跪着的女人，她伸出一只手喂一只小鸟。西方人看她像圣母怀抱着圣婴一样。然而对拉乎尔人来说，她是度母，慈悲的佛母。在附近的一个断崖高处，可以看见另一幅已褪色的图画，上面有相同的女性神祇。很显然，这个图画在更早的几世纪以前就自然存在了。距离洞穴不远的下方，据说是一位修为很高的佛教女护法帕登拉摩居住的地方。相传，她骑着一匹骡子。丹津·巴默住在这里几年后，有一天，她在这个地方看见雪地上印着骡子的足迹。让人惊奇的是，除了骡子的足迹之外，没有任何足迹。

总之，这个地方应该很完美。她终于能够将自己的所有能量与时间全部奉献给深入而长期的冥思了。她可以开始求证内心世界的奥秘，这个内心世界包含了整个宇宙的浩瀚与神奇。

丹津·巴默发现了这个洞穴，感到快乐之极，但她的同伴并不这么想。他们反对巴默到洞穴里独居。多少世纪以来，所有希望认真闭关灵修的女性都会听到不支持的意见，但巴默很轻松地应对每个反对意见。

众人有一个共同的看法，他们说："这个地方海拔太高了，没有一个人在这种海拔高度下能够活命。何况你又是一个女人，你一定会死掉的！"

巴默却说："洞穴能够自动调节温度，比房屋还暖和呢。我生活在塔尤寺的时候，那地方的房子在冬天冷极了，我都能够活命。洞穴比那儿好多了。"

他们反驳她说："这个洞穴距离人们太远了。有贼来抢劫的话，你只能坐以待毙了。"

她辩驳说："拉乎尔根本没有贼，当地女人公开戴着珠宝四处走动，都没有人抢劫她们。"

他们继续劝说："军营里有许多男人，他们会爬上山来强暴你。"

她笑着回答："这些男人爬上这么高的山峰后，都要累死了，他们只会想喝一杯茶而已。"

他们还是不停地劝阻巴默："这个地方闹鬼，你知道吗？你会被吓死的。"

他们说到闹鬼，丹津·巴默的藏语有点跟不上了。藏语里蛇与鬼的发音很接近，她以为他们说的是蛇不是鬼，她愉快地回答："噢，我一点也不在意。"她这种冷静、满不在乎的态度，使这些批评者大为震撼，几乎说不出话来。但是，他们还是没有完全死心。

他们坚决地说："我们不能帮你搬到这里，如果我们帮忙，只是帮你寻死，我们不愿参与这件事了。"

她问大家："如果我的上师坎初仁波切同意的话，你们愿意帮助我吗？"众人听后，终于点头同意了。

最后，巴默给坎初仁波切写了信，并送到大吉镇上。坎初仁波切询问了几个有关洞穴地理位置与现状的问题后，同意了巴默的请求，反对的意见才渐渐平息。

在这场简短的辩论中，丹津·巴默推翻了几世纪以来的传统。传统认为，女性无法在完全隔绝的环境中闭关修炼以获得更高的精神成就。同时，丹津·巴默成为第一位跟随东方瑜伽士的脚步，在喜马拉雅山洞穴寻求开悟的西方女性。

然而，在开始这项伟大的修炼前，洞穴必须修整，以便适合居住。拉乎尔的一些朋友前来帮忙。她雇了一些劳力，用砖块将洞穴的前方与左右两面围建起来。为了防阻严寒，砖墙修造得很厚实。在原本就很小的洞穴里，又分隔出一小间储存食物。这个隔间是必需的，但是将她的活动空间变得更窄小了，只有微不足道的两米宽、两米深。洞穴的土地也必须被挖掘出来，以便让她能够站在里面。然后，将烘烧过的土放在地面，铺上石板，再多放一些土。他们又给洞穴安装了一个窗及一扇门。泽林·多杰一再坚持门窗必须向内开（后来出现了一段戏剧性的故事，证实了他的意见是多么宝贵）。接着，他们将泥土与牛粪投掷在地面与墙上再拍实，再将外面的悬壁弄平，做成了一个室外的小院落。丹津·巴默可以到小院里坐着晒晒太阳，欣赏美不胜收的美景。最后，他们围绕着洞穴造了一堵石墙，防止野兽闯入，并为她的闭关区设置边界。

丹津·巴默在洞穴中安放了一件家具，一个带着气孔管的小木制火炉，气孔管从前墙伸出。这个小火炉是摩拉维亚的传教士遗留下来的东西，他们曾希望改变拉乎尔人的信仰。屋内摆上了桌子，并铺上了花桌布，桌子下放了木盒，还有一个水桶。墙上悬挂着各种佛像。墙上正好有个凹洞，作为她放置宝贵经书的书架。她用黄布小心地将活页的经书包裹起来。她将举行仪式用的金刚杵和金刚铃放置在天然的崖架上。金刚杵和金刚铃是藏传佛教的法器。神秘的金刚杵代表慈悲，神秘的金刚铃代表空性或智慧。传说，当你获得成就时，这两件法器将带你飞向开悟的境界。巴默将佛坛摆放在紧挨着后墙的位置，佛坛上放着她用来冥思的佛像、一个代表佛陀心念的舍利塔以及一本代表佛法的经书。在这些放置物的前方，摆放了七个小供水杯，代表七项献给贵客的礼物：净饮水、濯足水、鲜花、食物、香、灯光和音乐。

还有一样最特别的东西，那就是一个传统的冥思座位。这是一个约八十厘米宽的正方形木质结构，略高于地面，冥思者可以坐在上面，减少地面湿度的侵袭。之后，丹津·巴默对这个座位越来越依赖，她生命中的大部分时间都在冥思座位上度过。她高兴地说：“我喜爱这个冥思座位。我裹着宽大的外衣蜷伏在那儿，可以远离通风的过道。”

所有工程完成，布置停当后，这个山中凹凸不平的洞口已变成一个美丽的小房屋，还有一个石头做的天花板。它是那么离奇有趣，就好像一个童话故事。它打破了人们对洞穴生活的原有想法。

丹津·巴默知道这是个非常结实耐用的洞穴。她说：“看过这个洞穴的人都会感到惊异不已，洞穴整齐舒适。它当然很小，连跳舞的空间都没有。”从出生开始，背部的毛病就一直困扰着她，她说：“我长期闭关之前，曾经修炼过哈达瑜伽，瑜伽帮助调和打坐，并且治疗我的脊椎问题。但是，这个洞穴太小了，我必须根据洞穴的不同位置的空间，在不同方位练习不同的姿势。”

荻迪·康屈特年近七十岁，是位身材高大、有一头灰发的女人。她在几十年前从加州来到印度，她与印度丈夫在大家庭中过着丰富多彩的生活。她拜访坎初仁波切时，认识了丹津·巴默，之后两人一直保持联系。她曾来访问过巴默，亲眼目睹了这个洞穴。荻迪是一位室内设计师，她曾经参与设计了一个著名的建筑物——乌代普尔湖泊宫殿。荻迪希望以一种职业性的眼光，检查丹津·巴默这种不合传统的生活环境，确定她将安然无恙。她说："上山的道路真是太危险了，尤其是那些松散的碎石堆。我望着脚下山谷里的小房子，心想：'如果我掉落下去，一定会变成草莓酱。'然而，丹津·巴默却像羚羊一样跳跃，在周围保护着我。当我终于到达目的地，我才放心了。观察了这个洞穴，我感到洞穴非常安全牢固，墙壁很厚，但我建议她装上玻璃窗。比较实用的是，洞穴面朝南方。冬天时，整个洞穴都在阳光之中。但是，这个洞穴实在太小了。我把睡袋放在她的静坐木盒旁边，就没有什么空间了。"

洞穴完工后，丹津·巴默搬了进去，开始了她不同凡俗的生活。那年，她三十三岁，将在此地一直生活到四十五岁。这是她的一次心灵探索，但她必须先克服那些明显的物质生活部分的难题，然后才能把握住那些非物质的境界。对于她这样一位不食人间烟火、书生气，又绝非强壮的女性来说，这绝对是一种挑战。巴默很了解自己："我从来不是一个实际的人。如今，我必须学习各种生活技能。最后，我自己都感到很惊奇，我竟然能应付得那么好，完全可以自给自足。"

最重要的事情就是水。

她解释说："首先，我必须到距离此处大约四分之一英里的泉水处取水。夏天，我必须跑好几趟，将水背到洞穴中。冬天，如果我不能出去，我会将雪融化来用。如果你有将雪融化来用的经验，你会知道这是多么困难的一件事。一大堆雪只能制造出一点点水。幸运的是，冬天你不需要很多水。因为你不必洗澡也不必洗衣服，所以你可以省下很多水。当我进入为期三年的闭关，无法离开我设限的范围内时，有个好心人为我支付了水管费，在洞穴围墙内安装了水管，这帮了我很大的忙。”

其次是解决食物的问题。

在这个贫瘠的山区，当然没有东西可吃。没有结浆果的矮树丛，没有果树，也没有黄澄澄的麦浪。丹津·巴默安排在夏季将食物运上来，但食物经常没有如期运来，逼得她不得不自己山上山下来回奔波，每次都负荷沉重。这花费了她很多时间和精力。

当她处于三年的长期闭关中时，泽林·多杰负责这件事。多杰回忆说：“我雇用劳力与驴子，帮她运送所有的必需品。煤油、糌粑、米、木豆、面粉、干蔬菜、奶油、烹饪油、盐、肥皂、奶粉、茶、糖、苹果，以及仪式用的糖、香等。除此之外，我还雇用砍木工，将砍好的木块运送上山。”

除了这些基本必需品外，丹津·巴默在洞穴外崖壁下开发了两个苗床，种植蔬菜与花卉。食物喂养了她的身体，花朵滋养了她的灵魂。后来几年，她又尝试种各种蔬菜和花卉，看哪一种能够适应岩石土壤。她说：“我试过各种蔬菜，如卷心菜、豌豆等。但是这些都被啮齿动物吃掉了。它们唯一不吃的就是萝卜与马铃薯。这些年来，我发现萝卜真是个好东西，我随时都准备好去推销萝卜。”她还热切地说，“我发现，萝卜是一种具有双重价值的蔬菜。它有丰富的绿叶，它的绿叶其实是蔬菜中营养最丰富的，并且味道好极了，尤其是刚摘下来的时候。”她停了一会儿，夸张地说：“世上所有的美食，都比不上经过漫长的冬天后，进入嘴里的第一口鲜萝卜叶子。然后，就是萝卜的球茎了，那也鲜美极了。叶子与球茎都可以切碎晒干，整个冬天都可以享用这些极品蔬菜。”后来，她还开玩笑地说：“说真的，我正等待着有人出版《一百零八个烹煮萝卜的方法》的书呢！”

她每天只吃一顿午餐。这是佛教比丘与比丘尼“日中一食”的做法。她的食谱简单而健康，虽然一般人都会觉得很单调。她每天吃相同的食物，米、木豆、蔬菜。她用压力锅煮制它们。她说：“压力锅是我唯一的奢侈品。如果没有它，生活在这种海拔高度，煮熟扁豆要花费几个小时。”除了这些微薄的食物，她自己烘烤酸面包和糌粑，唯一的饮料是普通茶加上奶粉。有趣的是，她一点都不喜欢传统食品酥油茶。她的甜点是一片水果。玛纳利市以苹果闻名，泽林·多杰总是运送一箱苹果给她。她说：“我一天吃半个苹果，有时吃一点干杏。”

十二年来，她的生活不曾改变过。没有任何蛋糕、巧克力、冰淇淋等精致的甜品。大部分人用这些甜食来解除单调、乏味、辛苦的工作。巴默自己表示并不在意这些，她解释说：“即使我想要什么，也不可能跑下山去。事实上，我非常习惯于只吃一点点。后来，当我离开洞穴时，我仍旧只吃半个苹果、半个面包。不论什么东西，只要过量，都会是浪费与奢侈。”

再有就是寒冷的问题。

那种长年累月、永无止境的刺骨严寒对巴默有着巨大的伤害。生活在山谷中时，温度经常跌到零下三十五度。而她居住的空旷山间，天气更加寒冷。在洞穴口，伴随着号叫的风声，冰雪不断堆积着。对此，巴默很满意地说：“和我想象的一样，洞穴比房屋暖和多了。洞穴里，佛坛前供水杯里的水从没结过冰。但我住在塔尤寺时，供水杯里的水还会结冰呢。洞穴储存室里的水也从不结冰。对于洞穴来说，是外面越冷，里面越暖和。外面越热，里面越凉。虽然我这么说，但是没有人相信我所说的。”

虽然她一副满不在乎的样子，但天气一定是非常寒冷的。她每天只在中午烧一次炉火，然后煮午饭。这意味着，只要太阳下山后，洞穴就没有任何热源了。然而，她活过来了。她挑战地说：“我当然感觉寒冷，那又怎样呢？”她解释道，“修炼时，你也不能起来去点火炉。相反如果你很专注，身体自然会热。”她的说法使人想到，她有引发内在神秘热能的能力。就好像密勒日巴大师在几世纪以前，在冰寒的洞穴里引发体内的热力一样，以及拓炯在达胡西于寒冷的冬夜里，裸身包裹湿床单，修炼时将它变干。对此，丹津·巴默只说：“吐默功并不是我主要的修炼课。”

坚忍是一方面，放弃舒适是另一方面。热水浴、毛巾、香皂、软床、清洁的床单、休闲椅、干净的厕所，这些都是女性需要和喜爱的东西，但巴默一样都没有。根据男人的说法，女性获得开悟的最大障碍，就是渴望拥有舒适的物质生活。他们说，女人的本性就是希望像猫一样蜷在温暖的火炉前。她们怎能忍受艰苦隔绝的环境呢，而这种隔绝状态却是灵修进步所必需的。丹津·巴默的做法和实践都证明了他们是错误的。

她洗澡也很简单，不过一个水桶而已。她很少洗澡，尤其在冬天水很稀少的时候，因为寒冷的气温让身体一点臭味也没有。夏天，户外就是她的厕所，绝没有人看见过她如厕。冬天，她用一个罐子上厕所，然后把它埋掉。这些事情都没有烦扰过她。她说："说心里话，我已经很久没有享用过抽水马桶或者热水淋浴了，我一点都不想念那种舒适。"

她的洞穴中没有电视机、收音机、音乐、小说。事实上，除了宗教书籍外，什么书也没有。她彻底远离任何形式的娱乐活动，这使她与苦行者修行一样。她不断重复说："我不缺少任何'奢侈品'。达胡西的生活已经将我训练得很好。我拥有需要的一切东西。"

在所有世俗享受中，最极端的就是她连张床铺都没有。这并不是因为洞穴里放不下一张床，而是她不想要床铺。她矢志追随的是最严格的修行方式，她训练自己不睡觉。对圣人来说，睡眠浪费宝贵的时间。如果我们每天睡上八个小时，就会睡掉一生三分之一的时间。如果活到七十岁，那么，就会有二十四年不清醒的岁月。而睡觉的这些时间，我们完全可以用来提升自己的心灵，帮助其他的生命。瑜伽士严格规训自己不可睡觉，他们运用冥思所引发的细微心灵层次，更新自己的心理与生理。大家都同意，洞穴的寂静孤绝，是修炼这种绝技的最佳环境。因为，即使是最优秀的瑜伽士，如果生活在忙碌的城市，也很难忍受不睡觉。但是，如果是在遥远的隐秘地方整夜静坐，不论他们是清醒、半清醒，或是打个盹儿睡着了，都可以学习观看从潜意识里升起的种种心念，这些升起的心念只是一种投射，只是心中升起的外相罢了。他们认为，这是非常宝贵的练习。

事实上，也许人们不会相信，丹津·巴默在洞穴里从来没有躺下过。她每天晚上都笔直地坐在冥思座上。巴默说："你只有将身体坐直，从事冥思，它才能够保持觉醒。"她补充道，"如果我真想躺下来休息的话，我会在静坐椅上将身体蜷曲起来，或是把腿放到一边。"

这时，人们一定会猜想，丹津·巴默的这种长期忍耐身体劳苦的能力，应该归功于她在伦敦俭朴的童年生活，还是母亲遗传的坚忍不屈的基因呢？或者，如大吉镇的喇嘛们事前就看出的那样，巴默天生就能够适应高纬度的洞穴生活。

她还有一项苦修，那就是孤独。她早已料到，而且她极其渴望孤独。在洞穴里，她确实过着孤独的生活。夏天，她偶尔会看见一位牧羊人或是放牛人。有时，塔尤寺的比丘尼或者某位朋友会来拜访她一两天。她用自己的方式做事，她每年一定会与坎初仁波切会面，以便获得进一步的闭关指导。她不得不离开洞穴好几个星期去参加学习。每年的大部分时间，她都是完全独处的，时间长达几个月。大雪也将她与外界完全隔绝开来。在洞穴的最后三年里，她几乎没见过任何人，或与任何人说过话。

丹津·巴默克服了这种孤独的生活，她说：“我从没感觉到寂寞，甚至一分钟的寂寞都没有。有人来访当然很好，但是，一个人生活，我也会很快乐。这个洞穴保障了我的安全。这种安全感对于一个女人来说非常重要。我的门窗从不用上锁，这个洞穴面前的道路不通往任何地方。”有意思的是，一个夏天她要外出办事，将洞穴借给一个男性朋友住，但他并不觉得住在洞穴里很简单。他只住了两天就走了，孤绝使他恐惧。丹津·巴默说：“在洞穴中生活，对我来说，是世界上最容易的事情。”

巴默从不缺少同伴，动物们比比皆是。

如果人的心脏不够健康，脊椎骨不够坚硬，看见四处徘徊、成群结队的野兽，甚至进入洞穴，一定会吓坏的。但是，丹津·巴默从不畏惧任何野兽，动物们也从不怕她。这是在这位不同寻常的女子身上发生的另一件不寻常的事情。荻迪·康屈特曾来探访过她。荻迪说：“动物都被丹津·巴默吸引了，有趣的是，当这种吸引力产生时，通常是一种相互的感觉。但是，丹津·巴默并不执着于此。”

巴默简单明快地表示：“我喜欢动物，也尊重它们。但是，我不是圣方济各。”然而，她在洞穴外与动物的相遇，与阿西希那位穿着咖啡色袍服的修道士的遭遇十分相似。

就像圣方济各一样，她也有了“狼兄弟们”。

夜里，她听见它们在她的屋顶发出哀嚎长鸣。它们在山上四处行走，寻觅食物，寻找伴侣，对着月亮狂叫。她坐在洞穴里，知道它们在外面，与她非常接近。

她简单地说：“我爱狼。”然后，她又说：“有很长一段时间，我很喜欢听它们嚎叫，那感觉非常美妙。在下过雪的早晨，我在洞穴外还能看见它们的足迹呢。有一天，我坐在洞穴外晒太阳，来了五只狼，它们在离我很近的地方站住，只有几米的距离。它们很可爱，长着黄眼睛，有光滑的咖啡色皮毛。不是我想象中肮脏、湿淋淋的模样。它们看上去营养很好，没有人知道在这么高的山上，它们找到了什么食物。它们只是停留在那里，非常平和地盯着我。看见它们，我感到非常高兴，我对它们微笑。它们站在那儿几分钟后，安静地离开了。”

世上最稀有的美丽“野猫”——雪豹，也曾造访过她的洞穴。著名的旅行家彼得·马帝森曾写过一本令人难忘的书《雪豹》，书里描述了这种近乎神话的野兽，据说只有两个西方人曾经看见过雪豹。

丹津·巴默陷入回忆之中，她有些兴奋，升高音调说：“一天，我在洞穴外以及窗台上看见了它的足迹。那是一些巨大的泥印，很奇怪的是，中央部分还有一个洞。我马上把这个泥脚印画了下来，后来拿给两位动物学家看，他们两人立刻说这是雪豹的足迹，它们的脚掌很特别。”虽然这令人难以捉摸的雪豹看见了丹津·巴默，但丹津·巴默却伤心自己没有看见雪豹。

有一天早晨，巴默发现了更稀奇有趣的事。沿着她住处围墙的雪地上，有一种非常奇怪的脚印。她对这些脚印感到很困惑，她说：“人们都说拉乎尔没有熊，但是，我在此地的第一年，就发现了围墙外的这些巨大足印。这些足印比人的脚印大得多，它很像带着爪子的人类脚印。这些足印从山上一路下来，最后在围墙外面消失了，这动物显然感到很困惑。我想这个地方可能曾经是它的洞穴。从这些足迹留下的路线，可以看出它在四处徘徊了许久，然后又回到山上去了。”

也许人们会猜测，这些足迹是否可能来自雪人呢？丹津·巴默是否可能不小心搬入了雪人的洞穴呢？

她说：“我不知道。此后我再也没有看见这种脚印。但是，藏族人对这种动物很熟悉，不管它是什么东西，他们叫它雪人，也讲一些有关它的故事。我认为没有什么理由说雪人是不存在的。”

此外，啮齿类动物也是丹津·巴默的熟客，它们常常偷吃她种植在园子里的卷心菜与豌豆。有时它们还进入她的储藏室，企图偷吃她的谷物和干蔬菜。丹津·巴默对这些来犯者采取了一种惊人的友好态度。她说：“它们大部分是野鼠与大颊鼠。秋天的时候，老鼠特别多，它们都很可爱。有时，我用笼子把它们抓起来，再拿到屋外放走。观看它们是非常有趣的事情，因为老鼠被抓到时的反应都不一样。”她的说法暗含了佛教的信仰，由于动物同人类一样，具有意念，它们与人类一样也会有轮回，在这个永不止息的生生死死的河流中，它们在过去或未来可能是人类，这种说法完全合乎逻辑。

她继续说：“有些老鼠很恐慌，胆怯地躲到笼子最深处的角落。有些老鼠生气咆哮，企图撕扯开笼子逃出去。还有一些老鼠非常友善，会把小爪子放在铁栏上，伸出鼻子望着你，容许你拍拍它们。每只老鼠的反应都完全不一样。”

“山上还有貂鼠，它们看上去有点像黄鼠狼，但是长得比较好看，身体呈灰色，正面是白色，眼睛很大，还有一条毛茸茸的大尾巴。有一只貂鼠本事很大，会经常推开窗户，溜进我的储藏室。它能打开锅盖，掀掉包面包的布，偷吃我的面包。它跟老鼠不同，老鼠只会通过布咬食面包。吃完面包，貂鼠还会扭开储存肥油的桶上的塑胶盖，偷吃肥油。让人吃惊的是，它能够打开我的所有东西。我曾经试着把食物放在洞穴外给它吃，但是天太冷，食物经常冻上，貂鼠不喜欢。我不记得在哪里读过一篇报道，上面说，如果你在貂鼠年幼时将它捕捉并畜养，它将是最佳的宠物，因为它们聪明极了。”

她的另一个访客是小鼬鼠。一次，她在菜园里看见它，当它感觉到被发现后，就要跑开，但最后明显改变了主意，勇敢地留了下来，友好地与丹津 · 巴默接触。

巴默说 ：“它快步奔向我，然后停了下来，站着抬起头看我。它的身体很小，我在它眼里一定庞大极了。它只是站在那里看着我，然后它忽然兴奋起来，跑回围墙，开始在墙上荡秋千。它倒挂着望着我，观察我是否仍然看着它，跟一个小孩子似的。”

丹津 · 巴默从没因为动物感到过害怕。这位来自贝斯纳绿地街的女孩，学习如何在洞穴里更好地生活，观看季节的变换。一年又一年过去了，生命自有它的旋律与步调。

她说：“冬季时间很长，从十一月延续到第二年的五月，暴风雪使冬天的日子特别难挨。厚厚的雪堆积在洞穴上方，我必须常常爬上去用铲子把雪清除掉。在雪堆上行走是非常消耗体力的事情，不利于我的背，可我必须把雪从洞穴顶上抛下去。有时候，这项工作会花费几天的工夫。我刚把雪铲完，就又开始下雪。我不停地进行铲雪工作，只有这么做才能保住我的木堆。初雪时很好，但经过了几个月，我对自己说：‘噢，不，别再下雪了。’”

“春天到来的第一个迹象，就是那些小石花的出现。小石花虽然纤小，但天在下雪的时候，它们就出现了。我常常观察它们好几个小时。实际上，春天对我来说，是最困难的时候。春天，雪融化了，雪水从洞穴的缝隙中渗进来，把东西都弄湿了。即使是高过地面、用几层布包裹起来的静坐垫也会湿。我用粗布袋擦拭水，再把粗布袋弄干，如此反复使用。我曾经将所有东西都拿到洞外，放在太阳下晒干。然后再把所有东西拿进洞里，放回原处，然而洞里又淹水了。洞穴外面到处是一片泥泞。”

她不得不承认：“当初坎初仁波切来察看这个洞穴时，就提出过潮湿问题。当时我回答说不会，因为我真的那样认为。如果坎初仁波切知道这个洞穴如此潮湿发霉的话，他绝不会同意我生活在这里。”

五月底的时候，丹津·巴默就开始在院子里种植一些蔬菜与花草，花草有矢车菊、金盏花等。虽然为了种植花草，她必须提许多水，但是她仍然喜爱这份工作。在她闭关的最后三年里，有人送了她一包来自英国的种子，她非常惊讶地发现，这种子竟然在这片陌生的土地上开放了，一下子将她的洞穴装饰成了一个花园别墅。

她说：“我的花园里有大丽花，还有一些树木，夜里放出香气来，真是美丽极了！但只有我一个人欣赏。”盛夏时分，田野、山谷，以及种植在摩拉维亚修院旁预防土崩的柳树，都变成了绿色。她继续说：“夏天，如果坐在太阳下，一定会被烤焦，但坐在树荫下面，感觉就很凉爽。”

夏季，乌鸦等鸟儿开始飞来，它们都是这里的访客。有时，她剪下一块草席，给鸟儿做窝。一次，她碰见了一个不同寻常的情景。

她回忆说：“一天晚上，我从村庄回来，在一个转弯处，看见几百只兀鹰围在那里，它们成群结队地停栖在圆石与土地上，到处都是。看上去，它们在讨论什么事情，而我没有选择，必须从它们中间走过。这些兀鹰都很大，约有一米高，低垂着眼皮，坚硬的钩鼻让人一看就深深吸一口气。我开始念‘唵嘛呢叭咪吽’，然后从它们中间走过。没有一只兀鹰动，它们只用余光望着我。事后，我才记起密勒日巴大师曾经梦见自己是一只兀鹰，而藏族人认为兀鹰是非常吉利的动物。”

到了秋季，她身边世界的色彩渐渐变得灿烂，看上去美丽之极。她说：“我对面的山变成血红色，上面交织着柳树转黄后形成的耀眼黄色。山顶仍覆盖着白雪，高耸入亮蓝的天空。这是村民丰收的季节。我在洞穴里，常常听见山谷里传来他们工作时的歌唱声。”

一九八五年五月八日，她给家乡的母亲寄了一封信，那时，她刚开始漫长的三年闭关生活。信中，她透露出，虽然她处于极度隔绝与孤独的生活中，但她没有忘记其他的人和事，以及她是如何轻松而愉快地面对各种困境的。

最亲爱的阿玛拉(藏语的母亲)：

你好吗？我希望你一切安好。

我知道你一定给泽林·多杰写信了，但是他没有上山来，所以我还没有看到你的信。他不会来得那么快，可能因为他正忙着耕田与其他农事吧。三月初时他来过，因为警察局局长要他带新的护照表格给我填写。幸运的是，今年没有下太多雪，二月的雪很少，大部分都在二月时融化了。当然，二月之后还会下雪的。可怜的泽林·多杰的两个膝盖都患了风湿病，他现在只能拄着拐杖痛苦地跛行。他必须在雪地中跋涉、攀登才能到洞穴，就为了拿几张纸给我签字。他本可以不管这件事的。无论如何，我希望他不是因为膝盖坏了而不能上山。拉乎尔的地形起伏不平，泽林·多杰又靠在拉达克与赞斯卡带领牛车队维生，所以，这对他来说真是个大问题。

我现在的生活一切都好。就在今天早晨，我种了一些马铃薯与萝卜。天气仍然相当寒冷，还时不时地下雪，但是洞穴比以前要好，不再那么潮湿了，因为，今年一直没有下大雪。我的水源在整个冬天都没有断过，虽然每天晚上它都被遮棚似的雪覆盖。我在这么近距离的地方有水可以用，不用再融化雪水了，真是太欢喜了，这也让我节省下一些木头。

因此，冬天很是安静与愉悦，二月的天气这么温和、可爱。到三月与四月时冬天才真正来了！

我的头发越来越长了，散落着真让人讨厌，怪不得瑜伽士都把头发拿来编席子。

因为我在闭关中，泽林·多杰一年也只上山两次，所以我很久才能给你写一封信，我不能下山寄信。你千万不要担心。请告诉梅，我整个冬天都穿着她的毛衣和你的毛衣，我一直穿着它们。这些毛衣对我非常有用，非常非常的感谢。好好照顾你自己，寄上我所有的爱。

丹津·巴默

虽然人们对女性从事这项伟大的修炼抱有怀疑与偏见，但丹津·巴默独自承受了所有体力上的劳苦。而事实上，她在洞穴中非常快乐。

她说：“我不想去任何别的地方，也不想做任何别的事情。有时，我站在院落的边缘眺望远山，心里想：‘如果你可以到世界上另外一个地方，你希望去哪里呢？’而我又没有任何其他想去的地方。我在洞穴里感到十分满足。我拥有所有适合修炼的条件。这是一个很独特的机会，我非常非常的感恩。”

9 面对死亡

一九七九年三月，丹津·巴默一如往常地在洞穴中静坐，洞穴外刮着暴风雪。这场暴风雪持续了七天七夜，没有一点停止的意思。雪愈来愈厚，愈压愈重。突然间，她发现了一件可怕的事情，她已经被活埋了！

虽然丹津·巴默轻而易举地打消了朋友对她的担心，而且一点都不在意自己的安全问题与物质上的舒适，但她在洞穴中面临的危险却是真实的。她遭遇过不止一次的自然灾害，而正如事前所担忧的，她得不到任何救援。这里没有医生，没有电话，没有朋友帮她。一旦危机来临，她只能一个人面对。这是她决定在洞穴中闭关必须付出的代价。

她解释道："当你决定闭关，并发愿将闭关多长时间，然后你坚守自己的誓言。这是修炼的一部分。即使病了，也绝不出来。如果必要，你必须准备死在闭关之中。事实上，如果你真的在闭关中死去了，那应该是很吉祥的事情。"

令人感觉奇妙的是，当她处于闭关这种极其特殊的情况下，她童年时的疾病都不见了。她没有腿疾，没有盲肠炎，也没有感染任何疾病。西方人不适应在亚洲生活，经常染上霍乱和肝炎，虽然她没有，但是她也经常生病。而洞穴里的潮湿环境使她常常发炎、发高烧，但没有任何治疗，她就这样活了下来。她说："你必须克服病患。藏族人有句谚语：

‘如果你该生病，你就生病；如果你该死去，你就死去。’这句谚语回答了我心中的问题。”她的说法很实际。有一回，她发现自己的手臂下面长了一个肿块，但她照样打坐。她说：“我把这件事全忘了。闭关结束，我忽然想起来，但是这个肿块已经不见了。”

一次，她的眼睛受到感染，剧痛无比。她说：“洞穴里必须完全黑暗，因为我忍受不了一点光线。我一动不能动，连眨一下眼都不行。所以我无法煮饭，没有东西可吃。我也不能打坐或做其他事情。我只能等待，坐在那里观察。躺下来的话，情况会更糟。事实上，这是一次很有意思的体验，我坐在那里观察疼痛，疼痛就好像一首交响乐，那些鼓、喇叭、弦乐，疼痛仿佛不同种类的乐器在眼睛上演奏。”她描述这些疼痛时，就好像与她无关一样。

“后来，我认真做了记录，眼痛前后持续了四十九天之久，有意思的是，这与中阴身（死亡与再生之间）的时间正好相同。我可以做的就是等待。然后，眼睛逐渐好转。这件事情让我认识到，由于我们抗拒疼痛，因此产生了疼痛的感觉。重点是，不要抵抗疼痛，学习接受它、跟随它。”

许多人认为她会在铲雪时从屋顶上跌落，但是这样的事情从未发生。不过，她曾遭遇过其他意外，有的可能会造成严重后果。她讲述道：“一天，我在洞穴外正整理堆积的木块，突然听见一个声音说：‘站起来离开这个地方。’我没太在意，心想：‘没时间理你，我正忙着堆木头呢。’接着我继续做事。不久，这个声音变得更加紧急了：‘必须赶快离开！’于是，我照做了。约两分钟后，我就听见一块巨石轰然滚落，掉在我刚才坐着的地方。”巴默继续说：“如果我被压在石块下面，断了一只手或一条腿，麻烦可就大了。”

她还曾遭遇过更大的危机。有段时间，她几乎饿死。有一年，她长期闭关，泽林·多杰没有运送食物上来。她等了又等，储藏室里的食物愈来愈少，泽林·多杰明显不会来了。她没有选择，只能依靠仅存的粮食勉强维持下去。这些食物少得可怜，几个月过去，更加稀少了。虽然，她还是活下来了，但已经命悬一线。

对于这次经验，她只说：“我的确变得非常瘦。”她从未询问泽林·多杰为何没有来，也不曾责怪他。她平静地说：“他一定有自己的理由。”

这些意外事件比起下面的重大戏剧性故事，就没有什么大不了了。一九七九年三月，丹津·巴默一如往常地在洞穴中静坐，洞穴外刮着暴风雪。这场暴风雪持续了七天七夜。她对暴风雪已经习以为常，但这场暴风雪特别严重。冰雪积得愈来愈高，渐渐没过了她的窗户，没过了她的洞门。暴风雪没有一点停止的意思，雪愈来愈厚，愈压愈重。突然间，她发现了一个可怕的事情，她已经被活埋了！

这次经历在她心中留下了不可磨灭的记忆。

她回忆说：“我陷入了彻底的黑暗与寒冷中。我无法点燃火炉，因为伸出洞外的炉管已经被冰雪冻裂了。我无法取暖也无法煮饭。我也不敢点蜡烛，怕它会消耗氧气。当我望向窗外，只能看见白雪。当我将门打开，只是一片漆黑，我落入了完全的黑暗之中。”

一天天过去，没有人来救她，天气也不见转好。丹津·巴默被埋在这个冰冷黑暗的洞穴中，面临着极有可能发生的事情——她将要死去。她的炉管被冻裂了，窗户与洞口完全被冰雪封住。她开始相信自己将要窒息了。

从她开始接触佛教，她就被教导不要回避死亡。佛陀说：“死亡是必然的，但死亡的时间是不确定的。”这是一项很基本又经常被人忽略的事实。丹津·巴默牢记在心里，反复思索。她知道死亡是一件不可逃避的事情，此刻，这件事就摆在她面前。她仔细地观想：自己的身体在土地里腐化了，或在火葬的热度中融化了。她的财产分散了，她所爱的人与朋友都留在身后。如此观想带来的影响可分成两个部分，它减轻了死亡来临时的恐惧，并且理清了生命中重要事情的顺序。

然而，身为藏传佛教的修行者，丹津·巴默知道自己可以进一步利用死亡，做最后与最大的修炼。如果，她能够很有技巧地带领自己的心念经历死亡的各个阶段，非常觉醒地到达福佑的净光（最微细的心念）。在那个神圣崇高的境界里，她可以让自己求得证悟。对于瑜伽士而言，死亡从不是一件可怕的事情，而是一生中必须把握的大好修炼机会。

但是，这只是理论而已。丹津·巴默此刻必须面对现实。

她说：“我真的觉得自己要死了，而且我有许多时间来思考这件事。很有趣，我并不担忧。我想：‘好，如果我该死，那就死吧。’我不害怕，想要看看将要发生什么，这真是太精彩了。我年幼的时候就觉得身体只是一种暂时的东西。我们累世以来扮演了多少不同的角色。因此，从深层次来看，我从不曾真正地认同这个身体。

“我准备好得到加持的小药丸。我回顾一生，反省自己曾经做过什么错误的事，以及正确的事。我觉得自己很幸运，遇见了这么多伟大的喇嘛，接受了许多美好的教导。我没有太多的遗憾。这时，我非常清楚地意识到，对于自己仍然身为一名比丘尼，我感到非常的快乐。”

丹津·巴默做了以上宣言。她在人生中，曾经做过不止一次的困难决定，拒绝接受亲密关系带来的舒适与激情。此刻，她终于确定了自己的决定。丹津·巴默的“另一面”，那个被主流人生中的乐趣与浮华所吸引的另一面，终于消失了。她发现自己自然而然地转向了那位一直存在于她生命中的人物。

她说：“我对坎初仁波切有一种深切的奉献，那真是一种热泪奔流的感觉。当时，我真切了解了什么是生命中重要的事，什么是无关紧要的事。我从心底向仁波切祈祷，祈求他照顾我的中阴身与来生。我知道，他是我唯一的皈依处。”

她的脑海中闪现出一旦跨越生死线后，将要发生的事情。这些事对她而言都是很肯定的。因为她持守大部分佛教徒的观点：一个人的来生，可以从他的今生得知。她说：“依照我个人的看法，一个人如果在今生很努力，他在来生也将继续努力。我不认为有什么理由改变。我相信自己在来生将处于思想相似的人群中，我的意识将持续下去。”

高龄的老柳树。四处一片荒凉，一个来自葛施基尔镇的女孩说，这个地方已经面目全非。

清除那些被大雪覆盖的东西需要做许多工作，丹津·巴默说："我的面孔看起来像多杰·帕莫（一尊呈现愤怒相的红色护法神祇，他的两颊鼓起，眼睛突出）。我的眼睛通红，眼白都不见了。同时，我的眼睛肿起，只能从眼缝里看东西，真是痛苦极了。我用一条哈达环绕在帽子的边缘充当面纱，效果还不错。"

丹津·巴默或许暂时逃过了死亡，但她的生命中却充满了死亡的气息。她的母亲于一九八五年去世了。她母亲是一个乐观的人，追寻着心灵生活。母亲去世时，丹津·巴默并不知情，这是她为追求灵修付出的重大代价。她晚了几个月才收到来信，得知母亲得了癌症，病情很严重，请她快点回家。但她已经开始了三年闭关，无法出关。她说："我写信回家，解释为什么不能回去。这是我写过的最困难的一封信。即使我自己得了癌症也不能离开洞穴。"

当她再次收到信件时，已是一年后了。她的一位朋友寄了一张便笺，告诉她母亲已经去世了。她死得很平静，享年七十八岁。丹津·巴默为母亲念诵祝祷辞，她安慰自己，母亲与她一样，都对死亡没有恐惧。她说："母亲认为死亡只是将老掉的身体丢弃，再度获得一个充满能量的生命。我知道她盼望着与自己的心灵向导相见，她相信心灵向导将迎接并照顾她。"

然而，丹津·巴默并没有感到完全心安。一九八四年，她曾再次回到伦敦，短暂地与母亲相见。那是她母亲去世的前一年，距她离开自己的家乡已经十一年了。她渴望在三年闭关开始前再见母亲一次。虽然她很感激自己与母亲有这段时间的重聚，但当她回顾那次探访，还是心有遗憾，并责备自己没能做得更多。这是人们失去所爱之人后常有的感受。

她说："我对待母亲十分冷淡。如今，我对此感到非常悲哀。母亲欣然接受了我的冷淡，并相信'比丘尼就是这样'。我在洞穴里生活了很久，不习惯与人亲近。虽然我与母亲的关系很好，但回想起来，我那时的心态十分不好，我觉得非常抱歉。"她忏悔说："我相信自己现在能够以一种比以前温暖许多的态度来对待她。"

当她与母亲道别时，母亲对她说："我觉得，这是我们这一世最后一次相见。"母亲接着说："我祈祷下一世能够再做你的母亲，继续帮助你灵修。"这是她对女儿所能表达的最伟大的爱与认同。

丹津·巴默做过的所有修炼，都没有让她准备好接受坎初仁波切的逝世。虽然，她搬到拉乎尔市，后来又前往洞穴居住，与坎初仁波切不常见面，但他们之间一直保持着密切联系。她说："每当我需要他，我就向他祈祷。然后，我会做深具意义的梦，他会在梦中出现。"她的说法很不可思议。她每年都回到大吉镇探访坎初仁波切，这是她生活中不可或缺的部分。她会坐在坎初仁波切身边，再度感受他，并接受灵修道路上专属于她的教导。

她回忆说："我每次都带着问题回去见他。我在洞穴冥思时，总是把纸张放在身旁，一旦疑问闪现，我就把它记录下来。我走进坎初仁波切的房间，他的身体向后靠，问我：‘好，你的清单在哪里？’于是，我提出一大串问题。”

她继续说：“他的答案总是完全正确。他用丰富的学理与亲身体验来回答我。他说：‘经书如此说，而我的经验是如此。’他总是击中要点。我与他永远有能够讨论的事情。有时，我抱着某种修炼的想法去见他，他建议我做另一些自己没想到的修炼。他一说出口，我就知道他是正确的。这就是一位真正上师的美妙之处，他了解你的心念，带领你在灵修上进步，前往对你最好的方向。”

一九八一年，丹津·巴默正在尼泊尔接受教导，她准备前往不丹与坎初仁波切见面。她说：“有一天，我被召唤前往寺院。我以为有什么特别的教导或者其他事情。我在路上遇见一个人，他说：‘你看起来非常快乐，你一定没听过这个消息。’当他告诉我坎初仁波切逝世时，我几乎昏倒。这真是可怕，简直是晴天霹雳。”丹津·巴默的世界崩塌了，她描述说：“太阳消失了，只是一片黑暗。我觉得自己好像身处广大的沙漠，而向导离开了，我完全迷失了方向。”

坎初仁波切是一个强健、刚毅、友善的人，他的一生非常不凡。他于四十九岁死于糖尿病。他死亡以前，只病了一个小时。他的逝世对他的追随者而言是一项意外，他自己却准备得非常好。他在死亡时，显现出灵修的圆满，这向世人证明了人类可以做到的成就。

据那些目睹了坎初仁波切逝世的人的描述，他停留在死亡的“净光”中，他死后几个礼拜，肉身没有瓦解，仍维持着年轻的相貌，气味也很芳香。更令人感到惊奇的是，进行火葬仪式时，哀悼的人发现，坎初仁波切庞大的身体奇妙地缩小了，变成了一个八岁小孩的形体。原先为他定做的棺材太大，必须赶快制作一个小棺材。在西藏修行高深的喇嘛之中，不乏这种死后身体缩小的例子。对于旁观者而言，这证实了坎初仁波切确实到达了一个高层次的精神领域。只有最高成就的“虹光身”，才能超越这种境界。虹光身指人死后，整个身体都消灭了，只剩下指甲与头发。如果缺少见证人和详细的记录，这种事情很容易被斥为神怪小说里的情节。

索甲仁波切在他畅销的《西藏生死书》中，对虹光身做了清楚的解释，以及如何成就虹光身。

> 通过大圆满的高深修炼，有成就的修行者在死亡时能够得到超凡与荣耀的结束。他们能够在死亡时，让自己的身体被创造身体的光明元素的精华再度吸收，因此，他们的肉体会化入光明，完全地消失。这个过程就是所谓的虹光身或是光明身，因为这种融化的过程，经常都伴随着光明与彩虹同时显现。古代的大圆满密法，以及伟大上师的作品，对这种惊人的出世间现象做了不同种类的辨别。曾经有一段时间，如果这不是一种平常的现象，至少是相当频繁的现象。

索甲仁波切述说了一个例子。一九五二年，西藏东部有一位名叫索南·纳迦的人，他真正成就了虹光身。

索南·纳迦的本性非常单纯、谦虚。他是一位巡游四方的石匠，在石块上雕刻咒语与圣典。有人说，他年轻时曾做过猎人，并接受一位伟大老师的教导。没有人知道他是修行人，真正是一个所谓“隐姓埋名的瑜伽士”。他死前一段时间曾到山里静坐，地平线天光映照出他的剪影。他创作自己的歌曲，取代传统的唱诵。谁也不知他究竟在做什么。后来，他生病了，或是看来好像生病了，很奇怪的是，他更加快乐了。当他的疾病变得越来越严重时，他的家人请上师与医生来看他。他的儿子说，他应该记住所有接受过的教导，他微笑说：“我全部都忘记了。但没有什么是要记住的，一切都是幻觉。可是，我有信心，所有事情都将很好。”

他七十九岁去世。去世前不久，他说：“我唯一的要求是，我死后，一周之内不要移动我的身体。”当他死后，家人将他的身体包裹起来，请喇嘛与僧人来为他超度。他们将他的身体放在住处的一个小房间里，发现他生前虽然是个很高的人，将他放到小房间里却很容易，他的身体好像变小了。同时，一道超凡的彩虹光环绕着他的房屋。当他们在第六天再来看他时，发现他的身体变得更小了。他死后的第八天，举行葬礼的早晨，承办丧事者将包裹物揭开后，发现里面除了指甲与头发，什么东西也没有。

我的上师蒋扬·钦哲仁波切要求将这些东西都带给他检验，以证实这是一个虹光身的例子。

丹津·巴默也有一个故事。她说："我们都知道第三世坎初仁波切的身体缩成了十八寸，这不是最上乘的虹光身，所有东西并没有全部消灭，但他的成就也是很好的。事实上，西方人也能够达到这种特殊的成就。库努仁波切曾经告诉我，有一回彩虹光出现在寺院上方，当时有一个美国人住在寺院里，库努喇嘛赶快去找他，一起观看寺院上方的奇妙光芒。当他打开这个美国人的房门，发现屋里除了他的衣服、指甲与头发外，什么都没有。据说，这种事情经常发生在看来很平凡的人身上。如住在街道那头的老诺布，没有人知道他是一位有成就的修行人。"

一九八一年，丹津·巴默被上师戏剧性的死亡所影响，她出关前往大吉镇参加上师的火葬礼。当时的情景深深地印刻在她的脑海里。

她说："这是一件不可思议的事情，有一种非常强烈的同在与分享的感受。当时天气非常阴霾多雨，火化的前一个晚上，来了一场暴风雨。大家建造了一个美丽的舍利塔，我以为所有东西都要被大风雨吹刮消灭，所有的旗帜将被浸透，火葬用的木柴也都会被泡湿了。但是，葬礼日的破晓时分异常清明，蓝天清澈，世界看来异常洁净，没有一件事情是不

个早上。伺候的僧人说，他的这种举动非常不寻常，因为他通常见到陌生人都是非常害羞又内向的。”

虽然这个年幼的转世喇嘛立刻指认出这是他的“比丘尼”，但丹津·巴默却花费了很长时间去寻找他与前世之间的相似点。她说：“他与前世的坎初仁波切似像非像。首先，他比我年轻这么多，他的前世却像我的父亲一样。因此，这种关系的形式不相同了。同时，我听说前世的坎初仁波切小时候很乖戾，而这个小男孩却非常甜美、温和、细致。但是，当他看着我，望着我的眼睛，那种方式却和从前一模一样。他每次都凝视我几分钟。有时，我与他在一起，我的脑海里虽然平静如常，可是，一种不可思议的奉献心情却从心底油然而生。这种感觉非常强烈，而且完全是自发的，我的眼泪顷刻就会流出来。”

她对挚爱的第八世坎初仁波切的记忆还是那么清晰，然后她回到洞穴，更加发愤修炼。她说：“我觉得自己唯有努力地修炼，才能报答上师的爱。”

10

女瑜伽士

有一段时间，她彻底禁食。有时候，她只是部分禁食，同时做大礼拜与念诵供养千手千眼观世音菩萨。她的身心修炼是非常艰苦的，居住在洞穴之后，这种极端的环境使修炼更加困难。

丹津·巴默修行的洞穴外也许景色壮丽，但她的内心世界究竟会是怎样的呢？这也是她前往洞穴所期待收获的。在漫长的心路之旅中，她究竟得到了什么启示？她在那里是否像看电视一样地预见了未来？她是否沐浴在一轮金色光环之中？她是否听见了天籁？她是否体验到超凡的极乐境界？或许，她会被内心的魔鬼所折磨。那些深刻的冥思方法，深入人心深处，启发了她即将觉醒的心识。

根据相关闭关者的故事，独自居住在洞穴里基本上就是这样。伟大的瑜伽士密勒日巴，他作为藏传佛教噶举派的创始者，同样居住在寒冷荒凉的洞穴中，经过许多年极度枯燥困苦的修行生活，坚持不懈，最后终于到达超乎现实的神奇境界。他的手、脚与臀的印迹融入洞穴的墙壁与地面上，印刻在石块里面。天女为他提供美食，他衰弱的身体变成了绿色，因为他只有荨麻汤可以喝，不过他的内心却得到了难得的喜悦。在梦中，他能够随心所欲地将身体变成任何形态，不受任何阻碍。他醒时学习飞翔，快速地飞越家乡的山谷，山谷里耕地的农夫对此都感到万分惊愕。

这位英国贝斯纳绿地街鱼贩的女儿，是否体验过这些事情？

丹津·巴默那些年在洞穴里孤独闭关的经历，没有人能够知晓全部。她可能有一些灵光乍现的时刻，也有必须忍耐黑暗岁月的时候。她跟随拓炯的美好教导，那些谦虚的瑜伽士的品行深深地触动了她。人永远不要显露，更不要吹嘘自己灵修的程度。灵修的重点是放下自我，而不是强调它。她遵守藏传佛教的誓约，不透露修行的成果，这是一个久远的传统。佛陀曾经惩罚了一位僧人，因为他在公众地方显露神通。佛陀说，转化人心是唯一有价值的神迹。

丹津·巴默说："坦白地说，我并不喜欢讨论它。它就像是你的性经验。有些人喜欢谈论，有些人不喜欢。我个人觉得这是非常私人的事情。"

在追问之下，她说出了最基本的道理："当然，当你做长期的闭关，你将会得到很强烈的经验。有时候，你的身体完全融化了，或者你觉得自己在飞翔。你获得不可思议的启示与觉醒，所有事物都变得非常鲜明。"

她也获得了异常体验。坎初仁波切出现在她眼前，并教导她。还有其他圣人也一一出现。这些迹象，通常被视为至高的修行成就，但她认为这些事情真正的意义并不大。

她一针见血地说道："重点并不是获得异常体验，而是最终的开悟。"她指的是真理不再属于心理或认知的阶段，而应该变成事实。冥思由意念直达内心，当人能够感受到它，转化才算真正开始。她继续说：“开悟不是一件显赫的事情，它的出现并不总伴随着光芒与音乐。我们希望看见的是真相。开悟不是一种观念，它不是思想或情绪的衍生品，异象通常是出于这种层次。而开悟好比光谱中心的透明白光，不是环绕着它的彩虹颜色。”

丹津·巴默是否感受到了极大的喜悦呢？这也是冥思生活中最吸引人的部分。对于我们大多数人来说，坐在家里阅读巴默这样勇敢的人的故事，了解到巴默做出的牺牲，包括置身于艰苦的环境之中、剥夺了舒适的现代生活以及没有任何人的陪伴，我们认为唯有内心充满喜乐，才会使得所有的付出有真正价值。简而言之，喜悦是一种奖赏。当我们观察丹津·巴默那时候拍的几张照片，你会发现，她的神情中充满了快乐。

她用平实的语气，描绘了在一些阶段曾感受到的不可思议的狂喜。她说：“法喜是闭关的燃料。除非你感受到内心的喜悦，否则你不可能坚持进行严格的长期闭关。喜悦与热情带领你前进。这事与所有事的道理相同，如果你并不真正喜欢它，内心将对它产生抗拒，所有事情都会进行得非常缓慢。因此，佛陀说，法喜是修道的要点。”她补充说：“唯一的问题是，如此巨大的快乐，它超越了所有世俗的快乐，包括性爱的快乐，人们执着于它，希望能真正得到它，由此，它又变成了另一种障碍。”

接着，她用一个故事来阐述她的观点：“当我在达胡西市与拓炯在一起时，有两位僧人曾在那里修炼瑜伽士阶段。有一天，他们站在外面抖动毯子，充满了喜悦的感觉，简直快要站不住了。我可以切实感受到那种喜悦的波动阵阵袭来。拓炯对我说：‘当你开始修炼时，会发生这种事情。你完全被喜悦包围，不知如何处理。过了一段时间，你要学习控制它，将这种感觉调整到可以处理的状态。’这是事实。当你遇见一些比较资深的修行者，他们面临这种巨大的喜悦，是不至于手足无措的。因为，他们已经学会了如何应对它。当然，他们洞悉了它的空的本质。”

她继续说：“喜悦本身是没有什么用处的。唯有运用这种心境来了解空性，它才具有意义。也就是在这种喜悦的心境中，洞悉它自己的本质。否则，它只是娑婆世界中的一件事情而已。我们可以在某一种层次上了解空性，但如果你想要在非常精微的层次上进一步了解空性，那就需要这种喜悦之心的帮助了。喜悦之心是非常精微的，当你用这种精微心来观照空性，与你用粗糙心来观照空性，两者的差距是很大的。这就是人们培养喜悦之心的原因。”

她强调说：“当你经过喜乐的阶段，它只标示了旅途中的一个过程。终极的目标是觉悟心念的本质。”

心念的本质是空性与喜乐，是无条件、无分别的意识。它是一种证悟的境界，却没有一个证悟者的存在。当你获得开悟，它一点也不惊天动地。没有宇宙的爆炸，也没有高昂的天乐响起。她说：“它好像是在生命中第一次清醒过来，从梦里浮游出来，并且发觉自己原来一直在做梦。因此，圣人说万事都如梦如幻。我们的生存状态是受到压抑和限制的，它没有生命力，好比呼吸陈腐的空气。清醒过来不是什么刺激的事情，它很平常，但却非常真实。”

她说：“最初，你会看到一丝灵光。人们通常以为这就是全部，以为自己到达了修行的终点。其实，这只是旅途的一个开始。一旦你开始看见心念的本质，你就可以冥思。接着，你必须稳定保持这种状态，直到心念的本质变得越来越熟悉，越来越平常。当你做到了这点，再将它融入每日的生活中。”

其他时刻，她得到的启示都是比较平常的。但在她看来，却是同样的珍贵。有一年春天，冬雪开始融化，接着她的洞穴就开始渗水。她说：“墙壁四周与地面变得愈来愈潮湿，我的身体也开始不大舒服。我想：‘天啊，人们对洞穴的看法真是一点都没错。’我开始觉得非常沮丧。”

突然间，在巴默的头脑中，佛陀教导的四圣谛的第一义谛浮现出来，这是她开始学佛就接触的教导，此刻，这项教导似乎携带着全新的力量。她说：“我反问自己：‘你难道还在追寻娑婆世界的快乐吗？’我的意念一下子就转变了。没有错，娑婆世界的本质是苦，苦是生命中根本的不满足状态。外面在下雪，我也在生病，这些都没有关系，因为这就是娑婆世界的本质，没什么好担心的。如果事情变好，那很好；如果事情没有变好，那也很好。两者之间其实没有什么差别。虽然这只是很基本的道理，在当时，却是我真正的一个突破。从此，我对外在的环境再也不那么担忧了。因此，洞穴对我是一个伟大的教育，因为它太不完美。”

如果说冥思的结果是令人兴奋异常的，那么开悟的过程就是沉重加上不懈的苦修。这条道路难以想象地漫长，有许多必须做的事。

罗伯特·杜门博士是纽约哥伦比亚大学印度西藏学的教授，他是世界上最敏锐、最有意思的佛教界代表人物之一。他说：“冥思者在漫长的闭关中所做的，是一件非常专注的事。他不只是坐在那里与大我沟通，还要下沉到深处，分解自己的神经系统，透过自己的细胞得到自觉。就好像使用一套缜密的软件，而你自己是在核心的芯片。你要做的是稳定自己的心念，使之能够深入到达那些点与线，甚至更加深刻地进入它们。”

他接着说：“换句话说，一位大乘佛教徒，最终要成为一位通晓内心真相的量子物理学家。他不再停驻于粗糙的概念及思维层面，而是深入神经层面。在这里，他进入最细微的层面——也可以被称为‘超神经层面’。他就像一台具有自觉感知能力的电脑。瑜伽士会深入比微原子更深的层次。当你达到这个境界，得到的并不是什么神秘的东西，而是一些非常实在的、升华的体验。这是人升华的最高层次，也是佛陀所定义的层次。”

丹津·巴默从来不曾怀疑自己跟随的修炼方式的正确性。她说：“一直以来，获得开悟的人士好像流水线制造的产品一样繁多。对于一个人口如此稀少的地方来说，这是难以想象的。”

丹津·巴默是一个条理清楚、执着认真的人。在她还未前往洞穴修炼时，就在达胡西与拉乎尔进行了基本修炼。这些修炼方式包括供养曼达拉、五体投地的大礼拜、念咒语等。修行者必须重复修炼成千上万次，调和自己的心念，准备接受接下来的深奥的修炼。丹津·巴默在洞穴中坚持这些修炼。有一段时间，她彻底禁食。有时候，她只是部分禁食，同时做大礼拜与念诵供养千手千眼观世音菩萨。她的身心修炼是非常艰苦的，居住在洞穴之后，这种极端的环境使修炼更加困难。

她说：“冬天，我没有适合进食的东西。我的食物都不清淡。要知道，禁食时最好吃一些清淡的东西。所以，我会感到十分辛苦。我开始消化不良，变得很虚弱。”对这些，她没有进一步解释和说明。

她于修行上是大有收获的，她肯定地说：“我的心念开始真正地变得清明，越来越清晰光明，非常专注与开放。”

当她结束了六个月的净化修炼后，她获得了一个梦示。她所有描述灵修层次的言语，都不及这个梦显示得丰富。

她说：“我在一个很大的监狱里，里面分成不同的层次。顶层的人居住在奢华的地方，房间富丽堂皇。然而，在地下室的那些人却在遭受可怕的折磨。在中间的层次，居民在不同环境里从事各种活动。我忽然悟到不论人们处于何种阶层，其实都是被关在监狱里面。后来，我发现了一条船，就马上决定要逃亡，而且打算尽可能地拯救其他人。我在监狱里到处奔走，告诉人们环境的凶险，催促他们尽快逃离。但不管我多么努力地劝说，他们都好像被沉重的惰性锁住了，最后，只有两个人愿意并有勇气跟我上船离开。

“我们上了船，虽然四周有监狱看守，却没有人阻止我们。我们逃离了监狱，到了外面的世界。当我们绕着监狱奔走时，看见窗户里的人仍然各自奔忙，一点也没意识到自己的危难处境。我们在一条与监狱平行的路上跑了很远，道路似乎永无尽头。我越来越感觉到劳累与沮丧，觉得自己永远无法脱离这个监狱，也许更应该回到监狱里。当我正要放弃努力时，忽然想起，跟我一起逃出来的还有另外两个人。他们两人把希望都寄托在我身上，如果我放弃，他们也没救了。我不能让他们失望，于是，我克服惰性继续前行。

“不久，我们来到一个路口，在道路的远处，景象完全不同了。那里看来像是一个郊区，房屋排列得整整齐齐，四周环绕着鲜花与树木。我们一起走到第一家去敲门，一位慈善的中年妇女来开门，她望着我们说：‘啊，你们是从那个地方来的！很少有人能从那里逃出来。你们现在安全了，可是你们必须换衣服再回去。虽然回到那个地方异常危险，但是你们必须试着帮助其他人也逃出来。’当时，我很激动，告诉中年妇女：‘我曾经试过，但是没有人愿意出来。’她回答：‘有些力量会帮助你的。’听到这话，我说：‘我愿意奉献自己，并与这些力量合作，从而帮助解脱所有的生命。’这时我醒过来了。那个郊区中年女人的样子，让我发出愉快的笑声。”

这个梦很清晰。丹津·巴默在潜意识里已经发愿，要带领众生脱离这个娑婆世界的监狱。世人命中注定要出生在这个充满苦难的地方，一直到获得彻底自在的开悟。丹津·巴默将菩萨心融入自己的心念中。

除了基本的修炼法外，她还做专注的修炼功课，训练自己将心念持续集中在同一件事物上。据说，瑜伽士能够完全静止地停留在这种境界里长达几天，甚至几个星期、几个月。他们的心完全被收摄在内心的世界里。它是发现事物本质与绝对真理的一个重要方法。这是极其困难的一种方法。人们的心习惯于从一个偶然的念头跳到另一个，从一个幻象跳到另一个，它会永远和自己喋喋不休地对谈，花费了巨大的能量在无休止的琐碎事物上。人的心如同一匹野马，需要加以规驯。当人的能量被调伏导引，如激光一般专注在一样事物上时，会产生难以想象的强大力量。这份极高的能量如同有力的工具，会一直深入意念的深处，发现深埋在心中的巨大宝藏。

丹津·巴默说："两项修炼如果要获得成功，冥思的心与冥思的对象必须合二为一。它们经常是彼此对立的。人必须完全专注一心，这种转化才会发生。达到了这种境界时，人的心会被打开，不会再有'自我'的存在，这是一种解脱。当一个人能够学习用自己的心而不是心念去活着，无论他做什么事都是自发的、恰当的。同时，它会激发出巨大的能量，因为它不再因'自我'的介入而受阻碍。人将变得更快乐也更轻松，因为他回到了心的源头，而不是在心念中起伏不定。现代科学将重点都放在头脑，使我们与自己的心隔绝了。因此，许多人觉得生命没有意义、枯燥乏味。"

当她做完所有预备的修炼，便开始进入修炼的核心——密法的修炼。这种如炼金术般的升华过程，将保证人得到转化，获得圆满的开悟。结果看起来也许很神奇，但过程却是非常的平常，有些人甚至会觉得沉闷枯燥至极。她在洞穴闭关修炼的岁月里，每天都在静坐垫上重复相同的、令人疲劳的、持续不断的修炼。三点起床，静坐三小时。六点开始早餐（茶与糌粑）。八点，第二个三小时静坐。十一点后开始午餐，然后是餐后休息。三点，第三个三小时静坐。下午六点后喝茶。七点，第四个三小时静坐。十点后睡觉（在静坐垫上）。简言之，她每天、每周、每月、每年，一直坚持每天静坐十二小时。具有讽刺意味的是，一个脱离世俗的女人，会用一个钟计算每一次静坐的时间，她的生活规律与工厂的工人毫无二致。

丹津·巴默对所有这些使脑筋麻木的枯燥生活，从来不曾感到厌倦。她坦白道："有时，我想如果自己必须一天观看四次相同的电视节目，我会无聊至极。"她继续说："但是，当闭关时，有一种过程逐渐出现，最初，它是很有趣的。然后，你到了另一种境地，觉得无聊透顶。接着，你进入第二种境地，时光变得愈来愈有趣，直到最后，乐趣程度难以言说。假如你用三年的时间，每天重复四次同样的事情，它都是这样的。因为这些教导开始对你展示它真正的意义，你发现了一层又一层的内在精义。所以，当你到达最后的阶段，你会更加投入这种境地，并且比开始时更彻底地认同它。"

她对于自己修炼的本质，慎重地保持着不解释清楚的态度。她暗示说："我修炼的是传承于佛陀非常古老又传统的方法，他向几位不同的上师阐示这些修炼，当这些上师获得觉悟，他们将教导记了下来。这些教导包括许多观想与内在的瑜伽练习。”

她继续说：“基本上，你运用想象的心力，来转化内在与外在所有的事情。创造这种心力的本身，是一种不可思议的事情。如果你将它引导到正确的方向，它能够到达非常深的心灵层次，这不是语言或分析所能触及的地方。因为，从很深的一个层面看来，我们是运用图像来思考的。如果你运用从开悟心中出现的图像，它将打开我们心中非常深刻的层面。”

“你面对的是一些图像，它们反映着自身最深刻的特质。它们是人的佛性的反映。因此，它是一种充满灵性的方法，带领你回到自己的本来面目。这就是当你修炼时，会看到一些事情的原因。”

丹津·巴默声明，她从来不曾体验到灵魂的阴暗面。或许，这是因为伦敦的教育告诉她如何在困境中保持乐观，并给予她生命的韧性；或许，这是因为她的心理状态特别平衡；或许，有一些理由，使她先天具备在深山独自闭关的能力。她从来不曾面对那些传说中其他隐士遭遇的恶魔，不曾遭受它们的辱骂与折磨。她不曾发疯或得妄想症，不曾经历怀疑与沮丧的痛苦阶段。她也不曾成为淫欲的牺牲品，而这种淫欲似乎袭击过最“神圣”的男隐士。圣杰若米在忏悔鞭打自己以前呼喊着：“我发现自己被成群的女郎环绕，我的脸虽然因禁食而苍白，我的四肢虽然寒冷如冰，但我心中却燃烧着欲望。当我的肉体好像死人一般，淫欲的力量却不断涌现在我的面前。”

这些事情都不曾发生在丹津·巴默的身上。她提出了自己的看法：“我没有经历任何特别坏的事。或许，因为我并没有遭遇一个痛苦不堪的童年。在这一方面，我很幸运。”

虽然她没有任何戏剧性的灵修障碍，但诱惑还是存在，同样具有致命的力量。她说这是不可避免的事情，自己也不是完全幸免。在洞穴中，没有使她分心的社交生活，没有必须履行的角色和责任，没有任何外人牵引她的感情，所有的面具都脱落了下来。这时，她要面对的就是自己，这面镜子照着她自己，她感觉很不舒服。她说：“当你在闭关中，自己的本性完全赤裸地显现出来，而你必须应付它。也许我没有什么严重的、负面的因果问题，但这不表示我没有问题存在。它只是不太明显，因此比较难以捕捉。”

为了解释清楚，她详细地说：“当你进入修炼，开始了解它的运作，但如果无法将它实现，你就会开始问自己：‘为什么？’对我来说，问题归结于人类根本的懒惰习性。这是我主要的问题。它很狡诈，不同于面对虎狼般的愤怒与欲望，你能够捕捉住愤怒与欲望那一类问题。我的失败属于那种更加阴险狡诈的类别，它们都是躲藏在矮树丛里，人们不容易看见和发现它们。”

除了静坐，她在洞穴里也做其他事情。休息时，她开始画美丽的佛像与菩萨像。她的书法是自学的，她为寺院抄写经书。同时，她延续勤学的习惯，深深钻研手边所有有关佛陀教导的书籍，当然也包括其他教派的书。这是一件很特殊的事情，大部分藏传佛教徒从不阅读教派外的东西。她的这种广泛接纳的学习态度，给她的未来带来了难以想象的好处。她一再以这件事来支持自己的一个论点。

她思索了一会儿说："我认为，西方人来自完全不同的世界，他们必须切实地研究佛教的基础以及佛陀究竟教导了我们什么样的教义。所以你需要阅读原始的经典，早期的南传佛教的传承著作，以及后来衍生出的所有佛教的基础。只有深切地了解这个基础，你才能真正珍惜后来的教导。身为西方佛教徒，我认为我们对佛法传承担负着责任。"

让人惊奇的是，在这个到处弥漫着佛教气息的地方，却有一本有关基督教教义的书籍。书里指明了我们的任务必是扩大自己的慈悲心，拥抱所有的生命与美丽的大自然，将自己从监狱中解放出来。爱因斯坦也引用了监狱的这种隐喻方法，与丹津·巴默梦中所见的情景完全相同。

丹津·巴默坚信祈祷所带来的功效。她说："人不一定非得成为伟大的瑜伽士才能帮助他人。修炼的本身就蕴藏着伟大的力量与祝福。我相信有数不尽的生命，他们有智慧又富有爱心，永远散发着光芒。试着帮助他人，我们只需要打开自己。因此，你完全可以向佛与菩萨祈祷。但你最好不要祈求圣诞节得到一辆脚踏车，而是应该祈求心灵的成长。如果你只是需要一辆脚踏车，你可以向层次比较低的灵祈求。这就好比是，你希望得到退税，就没有必要给内阁总理写信，只要给职位较低的办事官员写信就可以了。只有你希望停止战争，你才有必要给内阁总理写信。"

丹津 · 巴默在洞穴中生活了十二年，花费那么多时间静坐，人们不禁要问：她得到进步了吗？

巴默非常谦虚地回答："静坐与其他事一样，如果你修炼久了，它就会变得比较容易。就像你学习弹钢琴时，最初，你的手指很僵硬，不听使唤，经常弹错许多音符，显得很笨拙。但如果你坚持下去，就会越来越简单了。虽然如此，一位已经具有高超演技的钢琴家，他仍然会有自己的困难。他的困难可能属于比较高的层次，而其他人并不能看得出来，但他知道自己的问题所在。"

丹津 · 巴默经过了漫长的、不懈的、不凡的努力，又亲历种种不同的困境。她严格地规范自我，一个人过着脱离世俗的生活，最后，她究竟获得了什么？这一切是否值得呢？

她不假思索地回答："这不是获得了什么，而是失去了什么。它仿佛是剥一层层的洋葱皮，是你必须做的事。我追求的是对完美的开悟。如今，从一个层次来说，我了解到我们从来没有离开过完美。我们心中存在的妄念，使我们自己看不见早已拥有的东西。你越明白这点，越觉悟到没有什么东西是可以觉悟的。那种我们必须到达某个地方的观念，那种必须获得某样东西的想法，它是一种根本的妄念。究竟是谁在那里获得开悟呢？"

11

女性之路

在灵修训练中，女性需要的训练与男性是截然不同的。女性必须克服对世俗事物的执取，而男性则必须克服性欲的诱惑。

丹津·巴默与所有反对力量进行斗争，她用行动证明了那些人的观点和看法是多么的错误。这位来自贝斯纳绿地街的瘦弱蓝眼睛女人，竟然在最艰苦的洞穴环境里存活了下来。她以女性之身进行英勇的冥思，最后走向开悟。她也许有一颗坚定不变的心、钢铁般的意志，但在她寻道的路上，令人同情的是，事实上没有任何人鼓励她。她完全依靠自己，走在一个无人管辖的领域里。她没有一个活生生的女性灵修人物可以去效仿，她找不到一位走在她前面，可以给她意见和支持的女性上师。她没有一张特别为女性开悟之道所绘制的地图，告知所有可能遭遇的陷阱与欢乐。她找不到一位生气蓬勃的女性上师，让她看见至高的女性灵修所发展出来的状态。

那么，她是如何在这条道路上前行的呢？当然，她能够找到许多女性佛像，这些佛像都显现出对女性得到开悟的尊敬。深受人们爱戴的度母，常常是面带神圣的微笑，一条伸出的腿随时准备向那些求救的人们奔去。丹津·巴默在拉乎尔曾经托钵赞诵过度母许多遍，以换取大麦面粉。人们对度母都十分热爱，一旦陷入严重的苦难之中，他们都转向度母去求助，因为像度母这样的女性神祇能听见呼救声，并且会马上付诸行动。她是慈悲的具体体现，有人说，度母是从男性观世音的眼泪生出的，男性观世音看见众生的苦难却无能为力。据说，度母以第一位获得开悟的女性而闻名。与丹津·巴默一样，度母不相信只有男性能开悟。在男佛众多、女佛很少的现状激励下，她带有挑战意味地宣布："许多人以男身成佛，很少人以女身成佛，我已经发了菩提心，愿以女身继续走向开悟，并且以女身成佛。"

在女性成佛中，金刚瑜伽母也是重要的一位。她威力勇猛，一袭亮红衣着，挺着胸脯，双腿分开，骄傲地裸身站立在火圈之中，跳着神秘的舞蹈。这位充满活力的女性，让所有现代女性都倍感亲切。金刚瑜伽母不为任何人求情，对于身处她这种地位的女性来说，这是一项不寻常的赏赐。在所有藏传佛教神祇中，金刚瑜伽母是最特立独行、与众不同的一位，她在绘画中是没有配偶的。她只是将神秘情人如背手提袋一样吊在肩膀上，充当仪式法具。在神圣仪式中有所需要时，她再将他转变为活人。

此外，还有美妙的观世音菩萨。"观世音"这三个字，来自她的大慈悲心，观照世间众生痛苦，护念世上众生。这位威猛的般若波罗密多佛母，坚实有力地稳坐在莲花宝座上，显现出绝对的智慧，万物因此而生长。此外，还有其他许多的女性菩萨。

虽然这些女性菩萨受到爱戴与崇拜，却没有任何迹象显示出她们曾经是人类。因此，她们只是一种典型，人类是无法接触到的，她们是理想化的人物、女性心目中的偶像、完美的永恒。

还有一些非常生动的故事，描述了少数居住在雪域中的女性，她们有胆识，成就了高深的灵修，在男性社会中显得出类拔萃。这些女性英雄都具备了获得高成就的条件。她们极其独立，具有常人不具备的勇气，与现代文明社会中繁杂的事物相对抗，并且冷静地、矢志不渝地追求开悟。在民间传说中有许多她们的事迹，这些事迹一直鼓舞着女性，显示着女性成佛的可能性。

女性成佛中，最有名的人物是耶喜·措嘉，也叫天堂舞者。七五七年，她诞生在一个贵族之家。她很小就显现出灵修的慧根。她的誓愿之一就是在一生中能成佛。因此，她要利用宝贵的生命从事更重要的事情，她拒绝了家里为她安排的婚姻。于是，追求者的怨恨以及父母的恼怒都发泄到她的身上。之后发生了许多变化，最终，她遇见了拯救她的人——莲花生大士。莲花生大士将佛法从印度带到中国，他被追随者尊崇为佛。莲花生大士不但成为耶喜·措嘉的上师，并且也成了她的秘密情人。她对莲花生大士不仅有热情，更多的是尊敬，她的爱是绝妙的、毫无压抑的。他们二人神圣的结合，曾被用诗意的形式清晰地表达出来，并且蕴藏在藏传佛教的隐喻里。

“我，耶喜·措嘉，以一种洁净之心与世俗观念的方式，欢喜地、真诚地将神秘的曼达拉奉献给我的上师。他明亮慈悲的笑容闪烁出五重光芒，诸多宇宙都布满清明的光芒，光芒又集中照射在他的面庞。光芒通过他的身体，他神秘的金刚杵怒举起来，他以金刚珂达的化身，与安详的莲花结合在终极的祥和之中。”

虽然，耶喜·措嘉处于狂喜之中，但她始终不忘自己的志愿。她恳求爱人教导她“超越因果的圣语”，莲花生大士听从了她的恳求。之后，这位心怀大志的女人，开始严格地接受考验，如同男人受到的考验一样。她在几个洞穴中用最严厉的苦行方式进行灵修。她赤身坐在暴风雪中，尝试引发神秘的内火，暴露在寒冷中的皮肤都起了水疱。她抛弃了所有食物，直到最后学会了“吃空气”。她不停地做大礼拜，经常濒临死亡边缘，但她始终不屈不挠地坚持着。最后，她的坚韧毅力得到了回报。

传记作家努邓·多杰的《天堂舞者》记述了耶喜·措嘉的事迹，书中引用了她的话语，显示出苦行带给她的升华境界：“我转化为清净的生命个体，在无穷尽的宇宙中，所有的众生都能感受到生存的价值与意义。我获得了内在力量，能够随心所欲地了解并运用佛陀所有的品质。”

从此，耶喜·措嘉的成就得到了发扬光大。根据历史记载，她在中国的西藏地区以及尼泊尔等处旅行。她每到一处，当地的人们对她的智慧、慈悲与超凡的能力都会目眩神迷。她能够行走穿透坚实的物体、乘坐阳光、飘浮在空中。一次，一位尼泊尔商人的儿子死去了，她一直用食指指着死者的心脏，直到死者的心脏开始发光，血液在血管里再度流动运行起来。但她真正彻底显现出实力来，是在一次灵修决斗中。众人面前，她以莲花坐双盘姿势飘升空中，她的每根手指尖都喷出火轮。她用喷出的火轮将邻近的一块大石头击碎，然后石块被浇铸成不同的样子，就好像是黄油似的。她的最后一招，是将雷电劈打在施行邪术者身上，一举消灭了他们。那些不信者都被改变了。他们认为，如果一个女人都能够具备如此高超的能力，那么，佛陀的力量必定太伟大了。

耶喜·措嘉不只是灵修高深者的情人，她也是一位有智慧的女人。她将莲花生大士的所有教导整理编写出来，其中有许多教导先被隐藏起来，让后代的人们发现并获益。这是一项繁杂的工作，包含了成千的卷册。在女性普遍是文盲的年代，这是超乎寻常的一项伟大成就。

依她个人而言，她的影响力深远巨大。她智慧又有力量的言语，不但触及了国王、皇后、大臣，以及蜂拥而至的百姓，同时触及了想伤害她的一些人。

耶喜·措嘉施舍食物给饥饿者，施舍衣服给穷困者，施舍医药给疾病者，并且将自己的身体施舍给需要的人。她曾经嫁给一个寂寞、无助的麻风病人。

在所有关于她的传说之中，最感人与最有说服力的故事，在于对她成佛的描述。唯独在此，所有对性别的偏见都消除了，女性与男性在心灵世界的地位是相同的，这是荣耀的时刻。有趣的是，这个故事包含着一些与释迦牟尼成佛过程相关的寓言。当佛陀在菩提迦耶坐在菩提树下，玛拉这位著名的施魔幻者出现了。她使出各种招数，运用各种方式阻碍佛陀获得开悟。当耶喜·措嘉坐在西藏的洞穴里，全神贯注地安然静坐，恶魔对她展开了全面的攻击。然而，耶喜·措嘉的故事具有一种独特的女性观点。佛陀被艳丽的女子所引诱，耶喜·措嘉被有魅力的年轻男子所诱惑，这些男子都很英俊，美好的肤色闪烁着欲光。他们强壮又有能力，女子只要望他们一眼就兴奋不已。当然，耶喜·措嘉意志坚定，抗拒了所有的诱惑，正如佛陀拒绝了所有的女妖一样。最后，耶喜·措嘉获得了开悟。

这时，莲花生大士给予耶喜·措嘉高度的赞美。他的言语不但反映出她荣耀的成就，更令人惊喜的是，它同时揭示了女性获得崇高境界的超人能力。

啊，女瑜伽士证悟了密法，
女性与男性的身体都适合修炼，
如果一位女性志气高昂，将会有更大的内在潜力。
鸿蒙以来，你的善行与觉性，累积了诸多美德。
现在，你洁净无瑕，具备了佛陀的品质。
伟大的女性，你是一位肉身菩萨。
快乐的女孩，我赞美的人就是你。
现在，你已经证悟，
为他人、为其他的生命奉献吧。
如你这般完美的女性，
在过去、现在与未来的世界，都不曾出现过。

这一点，我确实能够证明。

耶喜·措嘉圆寂于西藏中部的一座山峰，她乘坐着一辆八瓣莲花的光轿，离开了人间。当她化为耀眼的光芒时，她的声音脱离了肉体，涌流出最后的智慧的言语以留给众生。

耶喜·措嘉的故事非常鼓舞人心，并留传下来许多昂扬的诗歌，但她的事迹发生于一千三百多年前，这其中究竟有多少是可相信的部分呢？历经数个世纪，她的故事难免加入了人们的想象与夸张。因此，在现代人眼中，与其说天堂舞者是一位女性，不如说她是一种譬喻。耶喜·措嘉对于丹津·巴默而言，当然帮助不大。

藏传佛教中还有另一位伟大的女英雄，她就是玛奇歌·拉布中。相比之下，她的故事比较合理可信。她是鸠德这个广泛流传的最重要仪式的设立者，直到现在，人们仍继续修炼鸠德。从外在形式上而言，鸠德的仪式是一种能使人血液凝结的仪式。它的修炼核心是修行者必须在黑夜前往坟场，在死亡的恐惧与腐尸的恶臭中，一部分一部分地观想自己的身体，从眼睛、头脑乃至各个内脏。然后，观想所有被肢解的身体，被放入一个锅里煮沸，最后奉献给众生，满足众生的所有渴望。鸠德通过这些看起来令人毛骨悚然的形式，使得修行人放弃了对自我身体的最大执着。修行人将身体各个部分置入神圣的大锅，转化成为甘露，然后奉献给众生。因此，鸠德成为破除自我的终极修炼方法，它是一种无我的最高表现。

当时，玛奇歌·拉布中特殊的才能不可避免地引起了年长领导者们的注意。他们出于嫉妒与恐惧，对她提出挑战，与她在群众聚集的场所举行灵修辩论，希望借这个机会使她声誉扫地。这是藏传佛教的一个特殊之处，所有圣人学者都必须在这种情况中证明他们自己。但他们的计谋却带来了相反的效果。玛奇歌·拉布中在智力与灵修两方面都击败了这些男性对手，她成为西藏最重要的灵修人物之一，树立了永恒的形象。

对于现代女性而言，玛奇歌·拉布中特别容易引起人们的兴趣，因为她将自己的灵修生涯与婚姻结合在了一起。但她不像一般拥有这些附属物的女性，她对婚姻并不执着，她对儿女的教育也没有什么特别的执着。每当她充满了灵修的意愿，她就快乐地前往洞穴冥思，将儿女留给他们的父亲好几个月。她的名声之一就是创设了自己的传承，教她的儿女担任传承维系者。她九十九岁逝世，传说她到了空行母的净土。

周默·梅莫是一位十三世纪的善良年轻女孩，她的经历更是女性神秘主义者的一个代表。传说她在梦中，通过天堂舞者耶喜·措嘉意外地获得了大智慧。其后，她向其他人说了自己的经历。结果这件事引起喇嘛们的愤怒，他们攻击她，污蔑她是一个不正常的人。周默极度消沉，在漫游中保持长久的沉默，但她以“秘密之法”帮助了无数的人。比如，当她在某处出现时，就会带来某种看不见的神秘力量。

虽然玛奇歌·拉布中与周默·梅莫都是占有重要地位的人

物，但她们却都没有对丹津·巴默产生真正的影响，这是因为她们所处的时代距今太遥远了，无法启迪她完成对女性开悟所承担的重任。但确实有一位女性，给巴默以精神上的鼓舞，她就是阿予·卡周。卡周与巴默是同时代的人，《智慧的女性》一书记载了她非凡的一生。该书作者南凯·挪布见到阿予·卡周时，她已一百一十三岁高龄，但看上去依旧很年轻，长发的末端仍呈现黑色。尽管如此高龄，她依然从事着给予后人神秘启蒙教育的工作。

阿予·卡周对灵修生活有着一种异于常人的奉献精神。一九五四年，一百一十五岁的她无疾而终。根据报道，当她停止呼吸时，在长达两周的时间里仍然保持着冥思状态。她的身体没有腐烂，只是变小了一些。如同坎初仁波切一样，她在死亡时，已经达到非常高层次的灵修境界。

虽然这几位杰出的女性都曾给丹津·巴默带来巨大的鼓舞，但实际上她们对她的启示却很小。这是因为她们不仅居住在遥远的地方，而且年代又非常久远。她必须自己去探索关于女性的灵修品质究竟是怎么一回事。她通过在洞穴中多年的修炼，对女性的灵修品质得出了几点重要的结论。

“我认为，女性的特质首先在于具有穿透力的敏锐，它能够穿透知性的局限。它异乎寻常的伶俐，可以直接抵达目的地。我认为空行母的原则所代表的就是直觉力。女性通常觉得知性的讨论枯燥又乏味，对知性的讨论往往引不起她们太大的兴趣。对她们而言，如果顺着这条道路探索，那真是太漫长了，她们会采取截然相反的探索方法，常常在瞬间就觉知了。这证明女性接触事情的方式相对现实，她们不像男性那么抽象与理想化。她们不被理论与观念所束缚，她们期望这些观念与理论能够烟消云散。她们只希望知道‘我们能做什么’。般若波罗密多当然属于女性，它代表圆满的智慧，它能够灭除我们所有的欲望与意念，达到‘空’的境界。我们不断地累积自身的习性，并将这些习性不断放大。般若波罗密多持续不断地灭除它们，并将事物回归本位。

“相对于男性而言，女性更加感性，更容易培养菩提心。女性具有一种温柔的品质。女性富有慈爱心，因为她们是母亲，母亲会为孩子随时献出自己的生命，这股内心的伟大力量可以转化成为所有的生命而奉献。这又是感性的，不是理性的，它们不但是有用的特质，而且是极其重要的。

“女性的心灵感知能力也是异常直接的。以度母为例，即使你不是一位伟大的瑜伽士，也可以随时随地与度母沟通。她就在那里！她好像一位母亲，行动永远是直接而迅速的，因为她不能让孩子等待。孩子刚刚来到这世上，就像一条蠕动的幼虫，不论这是个好孩子还是坏孩子，她一直为他奉献着母爱。

“相对于男性而言，女性更容易获得‘吐默’的经验。这一点是与女性的生理机能密切相关的，密勒日巴很难获得‘吐默’的经验，而他的女弟子惹琼巴在两日内就获得了所有的经验。因此，许多喇嘛认为女性比较适合修炼‘吐默’。她们不但能培养出喜乐心，而且能够掌握所有的经验。但我不能宣称自己是一位修炼‘吐默’的女瑜伽士，它不是我修习的主要目的。”

女性拥有很多优点，但同时她们也有很多弱点。女性在探索灵修道路上最大的障碍就是月经，月经是一个诅咒！月经使女性不洁，这一点在世界上众多宗教的男性传道人眼中是天经地义的，因此，女性不适合担任高级的灵修任务。世界上许多地方都有这样的法令，当女性月经来临时，不可以进入寺院的圣地，任何传道人都不可以触碰她。如果女性将追求更高层次的灵修探索，这项责难当然是一种障碍，它必须被克服。从更深奥与理性的层次而言，据说月经对执着冥思的女性会造成一种破坏力，不仅会使她紧张，而且还会让她失去理性，陷入痛苦与暴怒，这些都会打破她内心的平静与专注。因此，月经是女性得到圆满证悟的最大障碍之一。

让人惊讶的是，丹津·巴默在探索灵修的道路上，并没有遇到这些问题。她用一向现实的口气说："荷尔蒙对我不是障碍！我个人从不曾被月经所影响，所有这些更年期与月经前紧张症的说法，对我而言仅仅是一个理论上的问题。同时，我注意到男人经常比女人更情绪化。这也证明，所有人的情绪都是不断变化的，它并不表示你必须跟随它。

“有一位喇嘛曾告诉我，女性心念的变化无常、反反复复，是女性在冥思时所遇到的最大问题，因为这种情况下不易获得内心的平静。但他补充说，女性如果学习观察这种能量，在修行上将突飞猛进。她将比男性进步更快，因为这种储存的能量不曾被消耗掉。事实上，许多喇嘛曾经说，女性一旦真正开始冥思，她们比大部分男人都能获得更直接、更高层次的经验。但因为女性大多不曾著书立说，所以我们一般并不知道这些。”

女性另一个显而易见的缺点是她们渴求舒适的物质生活。丹津·巴默并没有这个缺点，她是不同寻常的。追求高层次的灵修，生活环境的恶劣似乎是不可避免的一部分，许多女性因此望而却步。爱琳诺·崔迪是伊斯兰教的伟大老师，她也是《深坑之火》的作者。这本著作是她个人灵修经历的日记。她在书中坦承自己常常无法忍受印度乡村的暴热、噪声与四处的尘埃，但这却是她的上师居住的地方。上师教导她放弃拥有的舒适生活，当然包括她的金钱，这使得她很难接受。

爱琳诺在即将告别这个世界时，于伦敦北部的家中说：“作为女性，我们需要爱，我们需要舒适与安全感，我们需要这世上的各种东西。我们的需要是没有穷尽的。在西方社会中，让一位女性放弃一切比让一位男性放弃一切要难得多。我之所以十分了解这一点，是因为我真实地经历过这一切，所以我是有发言权的。你知道，在灵修训练中，女性需要的训练与男性是截然不同的。女性必须克服对世俗事物的执取，而男性则必须克服性欲的诱惑。因为我们追求的是解脱之道，所以当一位女性获得觉悟时，她将完全没有执着。女性为何如此执着呢？其中重要的一点是因为，生育是女性与生俱来的责任，她自然需要舒适、安全与爱。对于世俗而言，生儿育女当然是一件大事，但如果你达到爱这个世界如同爱自己孩子一样的境界，你不仅不缺乏对自己孩子的爱，而且会更加珍爱这个世界。”

丹津·巴默从来不想生儿育女，她拒绝了舒适的生活，因此她能忍耐寒冷、没有床铺、缺乏热水的生活。而且她克服了最困难的一件事，一个人完全孤独地居住在一个与世隔绝的地方。她实现目的的成功率有多少？任何人，不论是男性还是女性，在与生俱来的肉身限制下，有多少机会能够获得真正的解脱之道？

丹津·巴默对这两种可能性都具备十足的信心。她说：“佛陀早已证明解脱开悟是能够做到的。当佛陀突破所有幻象面纱之后，他的心念变得无比广大。他记起自己绵延不绝的生命轮回，他亲口将这些事情讲给弟子听。一天，他从森林的地上拾起一些叶片，问周围的弟子：‘是我手中的叶片多，还是森林中树木的叶片多？’当弟子回答是森林中树木的叶片多时，佛陀说：‘我手中的叶片，代表我能够传授给你们的知识。’虽然佛陀最终证得解脱之道，但并不表示他的牙齿不再疼痛。当他生病时，他还是需要有医生来照顾他。”

丹津·巴默陈述自己的看法：“对于女性是否能够得到开悟的不断争辩，仅仅是出于存在已久的大男子主义，以及文化上的排斥而已，我个人对此是没有怀疑的。女性如果能够与男性真正处于平等地位，其中的益处是显而易见的。女性占世界人口的二分之一，她们的人数如此之多，而通过灵修获得解脱之道的伟大女性必然能够提升人性的高度。”

爱琳诺·崔迪则表示：“我个人认为，女性在不失去自身特质的前提下，完全能够达到与男性相同的层次。我们都是神按照自己的形象所创造的，神是男性也是女性。因此，女性具备所有外在的条件与内在的能力，女人的本性是有力量的。但在世俗社会中，男人惧怕有力量的女人，这是一种两性间的竞争！几千年前，曾经有一个女性氏族社会，其后，时代之流倒退。女性地位现在又开始重要起来。最后，世界将变得相对平衡，充满了爱，不再那么冷漠。”

对于上述问题，最令人鼓舞与最简单的认定，也许来自一位名叫堪格尔的老喇嘛。堪格尔身体强壮，留着细白的胡须，脸上永远是快乐的神态。他十分了解丹津·巴默。他以两件事情而被人熟知，一是他的神圣性，二是他终生不穿袜子睡在零下三十五摄氏度室外的屋顶上。当他被问及女人能否最终获得证悟时，他很坚定地说：“虽然外相有别，但心是相同的。”他拍着自己的胸口说：“证悟是什么？它不过是认识了自己的心。这是一件非常困难的事情。心能够知晓世间所有事情，却很难了解自身，这就像眼睛能够看见全世界却看不见自己一样。丹津·巴默是一位伟大的女性修行者，这个地方的每个人对她的修炼生活都很惊讶。”

对于丹津·巴默而言，她并不认为自己的修炼生活有什么特别之处。她说：“我喜欢静坐，喜欢冥思。除此之外没有别的任何事情能够引起我的兴趣。”

12

离开洞穴

丹津·巴默离开她遍布福祉的洞穴时，既不伤感也不悲哀。从三十三岁到四十五岁，她生命中的一整段时光，就在这个洞穴中烟消云散了。

如果世界不来敲开洞穴之门，丹津·巴默也许会在其中永远静坐下去。一九八八年夏季的一天，一位警员的出现将她的独居状态打破了。警员无视隔绝所有访客的围墙，也无视永不打扰独修者的规矩，他闯到她的洞穴前，大声敲着门，追问她为何持有不合法的护照。其后，他态度强硬地表示，如果她明日不前往地方警局报到，他将拘捕她。这是丹津·巴默三年来首次看到的人，首次听到的人声，但却是一种非常粗鲁的人声。她只能服从这种粗暴的袭击，下山面对新任警察局局长。局长虽然对这种情况抱以歉意，但同时表示自己也是别无选择，只能通知她离开印度，而且必须在十日之内离开。

丹津·巴默对警察局局长耐心地做出了解释，她不准备在十天之内离开印度，因为她已经在这个国家住了二十四年。她进一步解释，护照不合法不是她造成的，因为她将更新护照的事情委托给了前任局长，前任局长一直代她办理这件事情。现任警察局局长听了她这些合理的解释，并感受到她显而易见的诚意后，态度发生了变化，表示他将度假一个月，不需要如先前所言立刻发传单给她，但最终她必须离开印度。在护照一事还没有彻底澄清以前，他允许她回到洞穴中继续修炼。

丹津·巴默再度攀缘上山，但为时已晚，她已经无法继续。她不仅被迫见了人，而且被迫说了话。根据灵修法则，她的三年闭关已经无可挽回地被破坏了。她理应感到失望或愤怒。根据灵修法则，她必须做完最后三个月、三周、三天，三年的闭关修炼才能算是圆满。经历如此坚忍的奉献与修炼，她有充足的理由对警察局局长发泄愤怒，或是在洞穴里默默独泣，显然这些反应才是合理的。但她却笑着表示："这种结束闭关的方式当然是不好的。正常的闭关是应该在其中多停留几天，慢慢习惯后再与人相见。"

丹津·巴默闭关结束的消息不久就传开了，朋友们开始四处寻找她，渴望了解她在经过这么长时间的独居冥思修炼后获得了什么。她是否一切都好？这段长久的冥思修炼是否使她疯狂了，是否使她的神经受到了影响？也许她已转变成古老故事中所描绘的那样，四周环绕着彩虹般荣耀的光体。如果朋友们都期望于她的身上发现一个重要的蜕变过程，那么他们将感到失望。

在丹津·巴默进入洞穴前，荻迪·康屈特曾为她检查洞穴是否适合居住。荻迪在印度居住期间，结识了很多伟大的灵修导师以及他们的弟子。她说："丹津·巴默看上去还是那么敏锐、那么温柔、那么幽默，并没有太大的改变，只是能感觉出她本来具备的品质更加强大并深入了。她好像早就拥有这种杰出的才能与潜力，然后通过自身持续的努力，让我们看见了一种成长。”

获迪说：“我并不认为任何人都能从外相上看到她在洞穴中修炼所得到的成就，我们只能根据蛛丝马迹来判断这一切。我认为她所获得的成就只属于她和神祇之间（我宁可用‘神祇’而不用‘空’来形容）。她当然具备杰出的才能与美好的品质，同时有一种圆融性。她始终如一、全身心地奉献着自己的慈悲。但我不知道这是一种证明，还是她进行灵修的结果。也许，她能够走上灵修道路是她的品质使然。她比我遇到的很多西方人都更有先天的条件进行灵修。”

德国人利哈·费迪是另一位探访者，她与丹津·巴默相识好几年了。她曾领导过几次闭关，心灵学对她有长久的吸引力，尤其是毗婆舍那静坐让她充满强烈的兴趣。十分巧合的是，当她听说丹津·巴默出关的消息时，她正率领规模很小的一个牛车队，在拉乎尔从事区域性的生态研究。她坦承道：“我很高兴有机会与她谈话，因为我很渴望了解她究竟成就了什么。”

她说：“我始终无法忘记那个见面的时刻。我费了好大的工夫才找到那个洞穴，洞穴与山体简直已经融为一体。当我们终于到达目的地后，我反而羞涩于这样的闯入方式。于是我让两位陪伴我的人留在门口，准备直接进去与丹津·巴默打招呼。她很快就出来了，开心地笑着说：‘快请进，快请进，把你的朋友都请进来。我刚烤了面包，请你们喝些茶吧。’她热情的样子仿佛昨天我们刚见过面似的，她看上去与常人无异。我记得自己坐在那里，心想这一切真是太矛盾了。我们坐在洞中一边聊天一边品尝着美味的新鲜芝麻面包，就好像我们在英国喝下午茶似的。

“当她送别我们时，我问她这次闭关收获了什么。我不想直接问她是否有所证悟，但是我内心期待着她能告诉我一些超凡脱俗的神奇经验。让我意外的是，她望着我回答道：‘我可以告诉你一件事情，我从来不曾觉得无聊。’她只说了这句话，我期待她能多说点儿，但她只是沉默着。我觉得困惑不已，但她只说了这么一句话。她显然相信沉默是金。”

事实上，丹津·巴默对人们的反应与人们对她的印象相比，前者是更加重要的事情。她与世隔绝这么久，又突然与人再次接触，重回每天的世俗生活，她的感受如何？其他一些做过较短期闭关的西方人表示，经过一段时间的与世隔绝，重新融入世界是一种令人恐惧的经验。感官与内心都受到不同程度的侵袭，有时甚至会使他们头晕。他们往往需要几星期时间的适应才能重新融入社会。丹津·巴默与世隔绝的时间如此之长，她承认自己已经蜕除了一层又一层的外物。她的灵敏度在修炼的过程中早已进入了前所未有的微细层面。她坦承道：“最初与人谈话时觉得很耗神，当时并不感到累，事后却异常疲倦。但只要经过一段时间，就感觉一切都好了。”

让人惊讶的是，洞穴独居生活并没有使丹津·巴默在与人相处时变得困难，也不像一般人认为的那样，她不愿与世界发生关系。洞穴生活对她的影响似乎与人们预期的正相反。丹津·巴默重新融入世界，她显然并未受到伤害，看上去十分友善、健谈，对他人的苦难与需求也极度敏感。这是她在洞穴中修炼获得的重要成就的迹象之一。

利哈说："丹津·巴默具有无限广大和超然平静的慈悲心。她倾听每个人的倾诉并给予劝导，不论对方是罪人还是圣人，她真正做到了没有批判心。她完全持一种中立的态度。她不在乎他人对她是友善还是无礼。我在一些高境界的灵修者身上也看到过这种现象。人们有困难来寻找丹津·巴默的帮助，她永远乐意帮助。人们都愿意寻求她的陪伴和帮助。当你与这样的人在一起时，自然能感觉到她身上净化的影响力。"

丹津·巴默的态度是，不论她身处何境，她都全心全意地善待周围的人与事。她说："我的本性有两方面。一方面，我喜欢孤独，我的一种基本需求是独处；另一方面，我是喜欢交际与友好的。我不知自己待人是否特别温暖，但我不论与谁在一起时，都会觉得他是世界上最重要的人。我的内心深处永远有一种期望他们安好的感觉。因此，我虽然喜欢独处，但当我与人交际时，感觉也很好。"

现在，丹津·巴默重新回到世俗生活中，这是对她灵修生活的一种考验，她可以看清自己是否有所改变。如果缺少了基本的转变，不曾改变昔日惯性的生活与固有的习性，那么多少次闭关都是没有用的。当她在高山上的洞穴中过着美妙的独居生活时，她也许感觉到了这世界永恒的真相，但这种经验是否禁得起日常生活的考验呢？

丹津·巴默说："我获得了一种内心的真正自由，这是我在闭关以前不曾体验过的。那是一种内在的真正平静。我想这种自由是出于一种自足，不论发生什么事情，你都不会向外相上寻找原因。"她继续说："当我在闭关中，我清晰地感觉到，世间万事万物都变得如梦幻一般，正如佛陀所说的那样。人可以看见环绕在身边的所有事情的虚幻本质。"她用"人"这个名词，转移了对她可能获得证悟的注意力，"当我出关后，我发现人们对生活是多么执着，我们彻底地相信自己创造出来的世界，这其实就是我们真正受苦的原因。因为我们失去了心的空间。现在，我注意到自己对于所有发生的事情，不论它们属于外相还是内相，我内心对其都保持着一种距离。有时，那种感觉就像置身于一栋巨大的空屋中，而所有的门窗都大敞四开，风不受阻碍地吹来吹去。这种感觉并不能永远驻留，有时人会被牵绊，但现在人知道自己又被牵绊住了。"

虽然灵修者们似乎很喜欢这种像"一栋空屋"的感觉，但对于平常人而言，生命的色彩与活力也许需要通过热情与感情来实现。他们在这种观念中长大，而"一栋空屋"的感觉也许暗示死气沉沉。"一栋空屋"与"一个人的外壳"，意义是否相同？是否同样暗示冰冷与没有感觉？心无挂碍与断绝情绪究竟有什么不同？心无挂碍是否是一种隔绝状态呢？

丹津·巴默强调说："这不是一种冰冷的空间，而是一种温暖的空间。它代表人不再被不断生灭的念头和情绪所左右。

当你看清人们因不断生灭的情绪而遭受巨大的痛苦时，并不能因他们认为你缺少了强烈的情绪，你就不是有血有肉的人了。”

她继续说：“人为什么要闭关灵修？人之所以闭关灵修，目的是认识自身的真相，并认识世界的真相。当人开始了解自己时，人才可能真正了解他人，因为所有人都是彼此有因果的。当人陷于自身情绪牵绊的混乱中时，他很难真正了解他人，因为我们永远都是按照自身需求的标准来解读他人。

“因此，当你遇见闭关多次的灵修者，如经过了长达二十五年时间闭关的灵修者，他们非但不会使你感觉到冷漠与隔膜；相反，你会觉得他们非常可爱。他们对你的爱是全然没有批判性的，因为这份爱与你对待他们的态度毫无关系，也不是来源于你的社会地位与身份。这份爱就是单纯的爱，是全然公平无私的，它就像阳光，会给予每个人温暖。无论你做了什么，他们依旧爱你，因为他们完全了解你的处境。在这份了解中，爱与慈悲会自然地产生出来。这是理性，并不是一种情绪。非理性的爱是非常不稳定的，因为它根据的是一种反应，以及这种感觉使你如何愉快。它完全不是真爱。”

丹津·巴默的真正变化不仅体现在心理方面，更表现于实际的生活中。警察局局长的勒令对她产生了戏剧性的影响，对她而言不仅意味着闭关生活的结束，更暗示着她个人生活中一个时代的结束。现在，最没有被预料的事情发生了。东方文化，特别是藏传佛教文化是丹津·巴默一生痴迷的，但此刻，她第一次感受到自己文化的吸引力。她在印度居住了二十四年后，西方文化开始向她招手了。

丹津·巴默对此解释说："我想回到西方，重新发现自我的根。因为我毕竟不是藏族人，而且我觉得在印度的经历已经抵达了终点。当年我在哈克尼图书馆任职时曾经有一位男友，他对古典音乐、建筑、古老教堂都颇有研究。他经常去画廊、去听音乐会，并喜欢谈论这些事，当时我对这些事情都非常有兴趣。后来，我当了比丘尼，人生方向发生了彻底改变，就将这些全部放弃了。我在印度的二十四年中，除了佛书，什么都不读。然而我觉得自己的生活中有一种无法言说的巨大空洞，感觉还有很多事情等着我去做。"

丹津·巴默不知自己将何去何从，于是她采取了一种安然等待的态度。此时，她世界各地的朋友们纷纷写信邀请她前往他们的国家。她先后考虑过美国、英国等地，但最后都放弃了。此后，有一位她在印度认识的美国朋友罗姆，写信告诉了她一个理想的地方——意大利的阿西希。罗姆邀请她前往阿西希做客。丹津·巴默从不曾到过阿西希，但经过考虑后，她最终决定前往阿西希。

丹津·巴默离开她遍布福祉的洞穴时，既不伤感也不悲哀。从三十三岁到四十五岁，她生命中的一整段时光，就在这个洞穴中烟消云散了。但她并不觉得有什么遗憾。她说："我感受最深的是，这些时光都到哪儿去了？时间似乎浓缩了。特别是最后的三年，似乎飞一样地消逝了，感觉就像是只有四个月。"

她简单地收拾了行李，从容地向拉乎尔的朋友们一一道别后，动身前往西方文明最伟大的成长摇篮、文艺复兴的发源地——意大利。她的人生道路似乎画了一个圆，降生世界，离开世界，现在又回来了。阿西希位于意大利中部，夜幕降临时她到达了这座美丽的中世纪城镇，虽然天色已晚，但她立刻知道自己做出了正确的选择。也许，山顶上如画的风景、一栋栋的屋宇使她想起了拉乎尔市；也许，圣方济各的神圣气息穿越时空，仍然徘徊在这里；也许，附近有一些印度教徒隐居聚会的场所，但不论是什么原因，当丹津·巴默到达阿西希时，她有一种回家的感觉。

她说："我感觉与阿西希的渊源很深。直到今天，包括我在阿西希的洞穴中时，它是我唯一想念的地方。阿西希有一种很容易就能感受到却无法言说的独特气氛。每年都有数以百万计的游客来到这里。这里是世界和平的中心，有关各种信仰的会议都在这里举办，这里是一个神奇之地。许多人都曾表示，在这里获得过那种难得的心路历程转变的经验。"

丹津·巴默搬到罗姆朋友家的楼下居住，快乐地开始重新发现她的西方之根。她常常在深夜一个人独自漫步在小镇中那些迷人狭窄的街道上，却不觉得害怕。她去探访闻名遐迩的圣方济各墓地。两座古罗马长方形皇宫建筑上精致美好的壁画，特别是文艺复兴初期画家乔托的作品，令她惊叹不已。她攀登上高山，惊奇地发现了圣方济各曾经居住过的一个洞穴。在这里，他曾虔诚地向神祷告，让他了解耶稣所受之苦，最后他的手与脚不但都出现了标记，甚至还不可思议地显现出真实的钉痕。丹津·巴默在阿西希居住的五年之中，渐渐地在内心孕育出对圣方济各虔诚的奉献之情。当洞穴附近没有游客时，她会在洞穴中进行冥思。

她说：“这个洞穴与我的洞穴相比较而言真是太特殊了，因为洞穴上面有一座教堂。这里真是太好了！洞穴外的树上还有那些鸽子，它们是圣方济各当年向贩鸽者所买鸽子的后代。我特别喜欢圣方济各与动物的故事。他曾经养有一只蝉，他每天还与蝉对唱呢。他是一位非常热爱生活的圣人。”

丹津·巴默曾经说过，在转世轮回中，她曾经做过基督教的僧侣，她透露说：“当我置身于修道院中时，这种感受非常强烈，一切都像经历过似的。我总是感觉闭关式的修道团体格外亲切。我想，大概是基督教传统失去上升空间时，我才决定前往东方。我觉得这种想法是十分合理的。”

她曾经过着严格的、漫长的苦修生活。现在，她开始放松并逐渐接受几项生活享受。她对卡布其诺咖啡与意大利鲜奶油蛋糕都有浓厚兴趣，并开始食用面食，但她表示最喜欢的食物还是米饭、蔬菜与木豆。她看电影，特别是二十世纪四十年代的黑白片。她甚至在朋友的庞大图书馆与音乐选集中流连忘返，她就像一块努力吸收欧洲文化的海绵。她说：“关于西方文化的部分在我脑中是断裂的，它需要得到治疗并重新恢复完整。”

她开始阅读小说，并对法国作家与带有宗教情节的小说情有独钟，譬如安伯托·艾柯的《玫瑰的名字》。她阅读所有能够找到的中古时代的历史故事，对圣方济各生活的十二与十三世纪特别有兴趣。她全身心投入这项新的学习之中，以研究佛法的彻底投入态度来学习这一切。她说："当时的时代，人们对知识有空前的热情，学术性的辩论四处可见，许多知识来自阿拉伯人与犹太人，以及希腊文明。同时，托钵的僧侣制度开始出现，当时的社会产生了许多伟大的圣人与艺术家。"

她对基督教圣人、哲学家的自传与作品同样倾注了极大的热情，当她阅读这些作品时，对自己西方的身份潜移默化地产生了一种新的认识与骄傲，并对自己信仰的宗教产生了新的认知。

她说："我们不是只有麦当劳与可口可乐，我们还拥有非凡的哲学、艺术与精神传统。西方文化虽然非常繁杂，但从宗教角度来观察，我发现它在很多方面都近乎完美。对于我而言，佛教对修道的见解仍旧是最清楚与最完整的。当我发现不同的宗教提出了相同的洞见，虽然方式并不同，但我也觉得非常好。对于我而言，了解这一点是非常重要的。"

另外，丹津·巴默还从音乐中发现了乐趣，音乐使她个人长期被忽略的部分得到了滋养。巴赫、亨德尔、海顿，这些古典音乐家的乐曲使她沉醉，而莫扎特则成了她的最爱。她坦承："我完全爱上了莫扎特，发现他是一件特别美好的事情。从某种层面而言，这是一件十分深奥的事，莫扎特用强大的力量滋润了我。我想，我内心深处的某个地方已经变得非常干涸。"

丹津·巴默也许有意或无意地在平衡着东方与西方、苦行与放纵、孤独与群体这些相互对立的因素，这使她的性情变得相对圆满。如此，她追随的正是新近找到的良师益友，十三世纪德国伟大神秘主义者麦斯特·艾克哈的忠告，他在文章中阐述："当一位冥思者处于冥思阶段时，当然要摈弃一切念头。但当他结束冥思阶段时，他应该让自己忙碌起来。因为没有人能够永远处于冥思之中，事实上也不应该如此。忙碌的生活会使得冥思生活得到一个放松的时机。"

此时，丹津·巴默逐渐开始了人生中的另一种生活，这种生活将对她的未来产生更深远的影响。当一些基督徒听说她住在阿西希时，他们对这位长久独自闭关的女士充满了好奇心，很希望能够见到她。因为她的努力超越了他们教派曾经尝试过的一些事情。她得到邀请参加研习会演讲，并获得了来自梵蒂冈议会独具特色的带有浮凸文字的邀请函。她还得到一些研习班与女修道院的邀请，为他们举办专题讨论会，她将自己经历过的事情与这些教徒分享。丹津·巴默总是很愉快地接受这些邀请，她对不同教派之间的对谈能够游刃有余地接受，并且在很短的时间内就能运用自己的知识与基督教的冥思方式进行交流。但这样的事情有时进行得也并不顺利。

她说："有一次，在一个天主教教堂，他们告诉我早晨五点开始弥撒，我准备准时参加。但当我到达教堂时，却只看见了一两个人。我问大家都去了哪里，原来他们都在一个小房间中，那是特别为我的冥思课程准备的。当我走进去时，发现教堂中的人都盘腿坐在地上，而鞋子都整齐地排在门外。

他们特别设置了一个放有佛像的圣坛，另有鲜花与水。他们问我是否可以这样摆放，我说：‘这样很好，谢谢你们。’”

她说：“他们对学习佛教充满兴趣，很希望多了解一些。我想鼓励他们做基督徒的冥思，但他们并没有这方面的经验。他们告诉我，天主教派教导内心生活的大师并不多，因此很多年轻人都选择了离开。年轻人想寻找到获得内心平静的方法与灵修的道路，使生命更有意义。修女与僧侣都认为如果他们能够找到这些，他们不仅能够引导年轻人，而且能够给予年轻人追求的东西。

“他们需要找到更明确的修道方法，他们寻求指导，他们应该做什么，不应该做什么。他们提出冥思过程中可能发生的问题，并对如何面对这些问题充满疑惑。于是，我告诉他们应该如何做，他们坐在那里认真聆听。事后，一位年长的修女对我说：‘如果早几年有人教导我如何冥思就好了，它真的很简单。’”

丹津·巴默很高兴能够与修女们在一起。她们交流穿道袍的方法。她把自己的经历说给修女们听，修女们也把她们的生活讲给她听。虽然她们有不同之处，但她们都很高兴彼此有相同之处。她从修女那儿学到的一些不同的修行方式对她之后几年的修炼非常有帮助。基督教兄弟会对丹津·巴默同样非常感谢，他们邀请她随时到他们的教堂做长期闭关，她虽然温和地拒绝了，但还是表示非常感谢。

一天天过去，她的影响力逐渐传播开来，而她也越来越被更多的人所熟知。她被邀请前往罗马、意大利北方、波兰等地演讲。她在波兰访问了奥斯维辛，亲眼见到了这个埋葬了许多人的痛苦之地。她说："我感触最深的是那些被送往瓦斯室的人们的照片，许多人都睁着明亮的眼睛，看上去很美丽，有些人甚至微笑着。这让我感到异常难受。"

她虽然觉得西方文化使她受益很多，但她对佛教仍旧非常执着，更是没有忘记冥思。她坚持每天修炼，并做过几次短期闭关。她自然而然地加入一项为西方佛教比丘尼兴建修女院的计划，这座修女院的地点靠近比萨的帕麦亚。她是在参加一个夏季课程时与这些比丘尼认识的，看到这些比丘尼，她想起了自己刚出家时的悲惨经历，因此对她们的处境倍感同情。她说："这些比丘尼居无定所，没有人照顾她们。僧侣有自己的僧院，但比丘尼却从一个中心迁移到另一个中心，这对她们的灵性发展没有任何好处。"

其后不久，她随同罗姆参加一个朝圣团体，得到了前往西藏冈底斯山的难得机会。她格外珍惜这次机会，因为她从未去过西藏——这个给她生活带来最强烈改变的摇篮地。冈底斯山位于西藏西边的遥远地区，被誉为"地球上最孤绝之地"。冈底斯山顶峰空气稀薄，高达6656米，在那里的神祇能得到度母的眷顾。佛教徒与印度教徒都认为藏密世界的中心地点是冈底斯山，它被视为最神圣的朝圣地。丹津·巴默初次从歌文达喇嘛富有启示性的著作《白云飘处》中知道了这座神山时，她就想去冈底斯山，但她从没认真想过自己今生就能实现这个愿望。她说："这真是不可思议的事情，我终于到了西藏。我一生中花费了那么多时间，在思考与阅读与西藏有关的事情。”

朝圣团雇了四头犁牛来驮载他们的生活用品，丹津·巴默与罗姆则采取搭乘小卡车这种相对时髦的方式。因为没有道路，沿途的路程极其艰难，他们用了整整十天才终于到达了目的地，她觉得非常值得。她说：“冈底斯山美丽得让人惊讶。我们必须在暴风雪中经过六千米的多玛通道才能到达目的地。我与罗姆不仅失去了方向，而且精疲力竭。在这危急时刻，意外地出现了一只大黑狗。我们喂了它一些湿饼干，它带着我们走下了山，我们高兴的心情可想而知。这是极其特殊的因缘，其中暗示着极大的祝福。我们用了整整两天半的时间，才环绕神圣的冈底斯山做完一圈大礼拜。有些西藏人能在一天之内就做完大礼拜。他们凌晨三点起床，晚上十点钟就礼拜完毕了。有些人一个月要做二十到三十回大礼拜。有些人做满一百零八颗念珠数目的大礼拜。有些人则花费大约两个礼拜的时间，一路上不停地做大礼拜。这些都是很不容易的事情，因为遍布山石的道路非常冷硬。”

她说：“附近的玛旁雍措湖也非常特别，我在那里庆贺了自己的五十岁生日。罗姆非要在湖中沐浴，我跳进湖水中差点死掉。不仅湖水极其冰寒，而且寒风还在周围肆虐。”

她说：“来到这里是受祝福的事情，这是我的巅峰经验之一。虽然我头痛欲裂，有高原反应，但我有一种很大的成就感，因为这是我长久以来的梦想。”

虽然迄今为止，她与西藏及藏传佛教的联系可能是最紧密的，但她内心已不再渴望什么，因为她现在的身份已经是一位西方人士。同时，她还发现了西方的音乐。当她置身于冈底斯山的残石之间，被这座神秘崇高的圣山所庇护时，她听着莫扎特的音乐。她真挚地说："不论你前往何地，都可以让莫扎特陪伴你。它对我而言是天籁之音，它不可思议地动人，给我心灵以极大的喜悦！莫扎特的音乐是属于天堂的音乐。"她也渴望着一些相对合适的食物。她说："我对油腻的面条已经难以下咽，我渴望吃米饭与木豆。"

丹津·巴默的"家乡"已经不再属于西藏，她真切地相信阿西希是她余生眷留之地。她坚信这种想法，于是在朋友的资助下，开始在朋友家的土地上建造一栋有两个房间的小木屋。她当然没有忘记对内心生活的完美追寻，因此她希望继续闭关。正当她的建屋计划正常进行时，撤销她建屋的许可却突然降临到她身上。也许是命运的力量，也许是"因果"的力量，丹津·巴默的生活再次被改变。她已经准备要定居下来，但佛教戒律中喻示的出家弟子最理想的境况是"出家而无家可归"。这种岁月对她而言似乎还有漫长的一段路，因为还有许多工作需要她来完成。

13

远见

丹津·巴默居无定所、一无所有。她离开世俗社会生活已经长达三十年之久，但这些并不能成为阻碍她尝试的理由。她一向有胆量、有信心，对佛、法、僧投入了全部的生命。

一九九三年三月，丹津·巴默以一名资深比丘尼与新锐老师的身份，参加了一次佛教会议。会议讨论了东西方心灵的差异、上师的角色、伦理道德准则等问题，而“女性在佛教中扮演的角色”这样的问题则让丹津·巴默阐述了自己清晰的观点。

丹津·巴默天生口才很好，她侃侃而谈自己的经历。“当我刚来到印度时，与上百位僧人同住寺院中。我是唯一的比丘尼。”她停顿了几秒钟，使得大家能够注意她下面的话，“我想这就是我最后独自前往洞穴居住的原因。”每个人都听懂了她的意思，“那些僧人都很善良，我没有遇到来自他们的麻烦，但很不幸，我生存在一个女人的身体中。这些僧人都清晰地告诉我，他们祈祷我转世时能够有好运气生为男性，我就可以自由地参加寺院里的全部活动了。”

丹津·巴默的生活原本就已经很不同凡响了，而这次演讲似乎为她的生活带来进一步的转折。她已经站出来大声讲话了，但她仿佛知道语言的力量是远远不够的，抱怨这个制度是一回事，而脚踏实地地去做一些事则是另一回事。如果一位觉得被错待的女人不能采取行动，谁又能代替她成为行动者呢？她在达胡西市的比丘尼生活带给她的不愉快记忆，现在被转化成为积极的目的。她虽然等待了近三十年，但一点也不晚。她将在即将来临的女性心灵解放的时代扮演领导者的角色，这与她追求并喜爱的隐士生活有很大的距离，但对她也许是合适的。她十分了解女性在灵修道路上面临的重重困难。她了解不能获得灵修的内心感觉，以及受到挫折后的沉重压力，但她所受的这一切痛苦，现在似乎都显示出它的目的性。

她说："我想，这就是我在这个时代里生为女人的原因。"

她开始积极筹备在菩提迦耶举办一场西方比丘尼会议，她们迫切需要一种团体的支持与集体的归宿感，她们可以公开提出自己的难题并交换不同的观点。其后，她加入了一个人数很少、精进修道的女性团体，她们积极讨论比丘尼如何能够接受具足戒这类问题。丹津·巴默清晰地知道，这类问题对于比丘尼捍卫她们的自尊心以及提升她们的社会地位是多么重要。同时，这也是一个复杂的、多层面的问题，它被几世纪以来寺院的传统、无数的神学辩论，以及多重固守的男性偏见所束缚。只有经过许多年的努力与劝说，才有可能推翻既存的制度。令人欣慰的是，这项运动至少已经开始了。

当一些计划正常向前推行时，丹津·巴默再次准备回到严格的闭关生活中去，但此时又有人向她提出了一个计划。这个计划比较接近她的心愿，但更是困难重重。这个计划是为比丘尼建造一所女性寺院。早在二十世纪七十年代，坎初仁波切就对她提起过这种想法。当时，他指着大吉镇寺院所在的康加山谷说："你可以在这里建立一所比丘尼寺院。"当时的丹津·巴默觉得这个伟大的理想是不可能实现的，所以她拒绝了。而现在她年纪大了，修炼完十二年的洞穴闭关生活又重新回到这个世界上，这也许是正确的时机来临之时。

她说："很多比丘尼不仅年轻而且富有活力，她们有着很强的热情与奉献心，但她们很少获得鼓励。她们极其用功，她们从康区到冈底斯一路大礼拜过来，这是几百里的路途，但她们根本不把这种行程视为困难。其后，她们还要环绕冈底斯山做大礼拜，这是一种绝对彻底的修道奉献精神。

"很少一部分比丘尼即使获得了一些哲理上的训练，但因为身为女性，她们还是处于很糟糕的境地。我知道有一位比丘尼虽然赢得了著名的印度大学的入学许可，她的成绩也名列前茅，但两年后她还是被退学了。校方的理由是作为女性，她的学习已经足够了，任何其他更多的学习，都是一种时间与金钱的浪费。"

建设比丘尼寺院是一项十分庞大的计划，丹津·巴默虽然酝酿了很久，但仍然感到准备不足。它需要很多年的计划、组织、投入，以及不懈的努力，确切地说，它需要私人的投资。这一切都不是她擅长的，她擅长的是闭关，闭关对她来说是直接而容易的。当她正感到自己犹豫不决时，她偶遇的一个智慧的基督教僧侣鼓励她并指出，很多成长都源于困难的选择。

丹津·巴默回到阿西希的几个月中，列出了自己希望创办的寺院的所有计划。第一项与最重要的一点就是，未来的寺院将是一个女性可以彻底发挥灵修潜能之地。寺院将致力于女性的开悟，它将帮助女性到达完美的灵修之地。它最终会使她们在内心获得真正的真理，转变为伟大的女瑜伽士，而不仅仅是只教导女性那些宗教条规。只有真正智慧的女性才能真正掌握灵修之力，也才能够真正帮助他人的生命。

她知道拓炯玛是唯一具备这种能力的女性修炼者。拓炯玛是大吉镇的伟大瑜伽士，她的修行方式源于十二世纪密勒日巴的大弟子惹琼巴的修行方式，是特别为女性修炼者设计的，这些影响深远的方法能够使女性最终证悟。即使是在证悟方法众多的西藏，惹琼巴的方式仍然很特殊。丹津·巴默知道居住在大吉镇的老拓炯，他们掌握着通往古老教导的宝贵钥匙。如果她让一些合适的比丘尼训练这些方法，珍贵的拓炯玛将得到传承或者发扬光大。

她说："这些教导的珍贵是不言而喻的。它们是活火炬，必须由活的方法传递下去。如果不能在拓炯辞世前完成这件事，这些教法很可能就永远被湮没了。如果没有人修习这些方法，传承也就中断了。我如果能够找到比丘尼修炼它们，它们将带给未来的人们莫大的利益。"

她开始逐步实施自己的计划。这所比丘尼寺院未来将命名为道久迦萨林（意指"真实传承的喜悦丛林"），因为她不计划经营一所孤儿院或小学，所以只接收十七岁到三十岁接受过普通教育的女性。为了确保未来的寺院能够有一群受过良好训练的核心分子，在将来能够担任教育工作的重任，寺院最初只能接受十至十五位女性。当第一步计划顺利完成后，人数可以增加到一百或二百位女性。因此，寻找到两至三位资深的比丘尼是极其重要的，她们将成为年轻女性的模范与老师。

寺院前五年的训练将包括对各种经典的研读，并学习特殊的修炼与宗教崇拜仪式。比丘尼还将学习被列为基础课程之一的英文。当这些学习都完成后，那些具备资格并希望继续深造的比丘尼，将接受拓炯玛训练，这是这座寺院存在的目的。

除了比丘尼寺院，丹津·巴默还计划建造一所国际闭关中心，全世界的女性都可以来到这里与同道者一起修炼。道久迦萨林的比丘尼将教导并传授基本佛法与冥思方法。如果她们希望获得拓炯玛的训练，那么她们就必须接受寺院教育、心理教育，以及西藏语言的学习。现在，深入的觉悟仍然来自古老的西藏传统修炼方法，除此之外并没有别的道路可以遵循。

除了比丘尼寺院与国际闭关中心，她还计划另建一座寺院、个人闭关小屋，以及供男女访客暂住的客房。

这些蓝图在丹津·巴默的心中逐渐成形，她在借鉴自己曾经教导过的欧洲基督教团体时，产生了一些非常大胆的改革想法。她将摒弃西藏僧人与比丘尼长久以来由私人赞助的传统，他们的财源一般都是来自家庭或富有的赞助者。她认为这是一种很不公平的方式，它不但使得竞争不可避免，同时营造了一种世俗的心态，使修道者的注意力离开了灵修。她建议道久迦萨林的比丘尼努力获得经济独立。她们将工作一段时日，通过学习商业技能来谋生。这种方式将使得她们拥有稳定的经济来源，不再有不断寻找金钱的焦虑，创造出共同合作的和谐气氛。所有金钱将聚集起来共同使用，每位比丘尼都将获得道袍与食物，每周得到小额零用钱来购买私人用品。这种方式将避免竞争心态。

除此之外，她还有进一步的想法："虽然群体之中将有某种分别存在，但是它并不明显。资深的比丘尼将担任老师，但所有工作都是轮流的。每个人都必须洗碗刷盘，尊重劳动，它与担任老师同样重要。她们应该知道，专注地在院中扫地也是一种灵修。厨师也许比老师更重要！这样，每个人才会真正地了解彼此的问题，我希望这是个和谐的寺院，在这种环境中每个人都能有所收获。"

长久以来，女性修道遭受最多的批评之一，就是她们不能和谐相处。男性一般认为，女性们争吵、怨恨，根本无法和平共处，在这种情况下，她们灵修的专注力自然被削弱。

丹津·巴默认为："这种看法完全是无稽之谈。几千年来，女人们始终很合作。当女人们为一项计划合作时，会产生一种非常特别的能量。女性喜欢参加都是女性的闭关。当我们经过灵修获得内心圆满的感觉时，我们会始终相处得很好。而且女性们喜欢互相陪伴，我姨妈与女朋友们到巴黎时，把我姨父留在家中，她们出去玩得极其开心。我不认为怨恨是女人的本性，男人有时也相处得很不好。"

在未来的计划中，她还将给比丘尼们介绍哈达瑜伽训练，因为这种训练对她的长期闭关帮助很大，使她受益很多。对于比丘尼们而言，任何种类的瑜伽训练都很新奇。丹津·巴默说："瑜伽训练非常容易，你不需要太大空间，也不需要任何器材，而且它相当庄严。这种训练也许会遭受一些阻力，但如果从最初就开始正确地学习，应该没有什么问题。我想这一点是非常重要的。"

随着丹津·巴默想法的不断完善，这所寺院已然成形。当她最终确定了自己的计划后，她将这项计划呈现给大吉镇寺院所有的修行人，其中包括年轻的、转世的坎初仁波切。当她讲完她的计划后，她说："时至今日，比丘尼获得的帮助并不多。对于女性而言，自助是一件非常重要的事情，女性自给自足才能不需要依靠男人。女性必须有信心做老师，而且女性需要女老师，一些她们能够与之交心谈话的女性。这些女老师能够以女性的观点来理解她们。我发自内心地相信女性能够获得证悟，她们只是缺少机会。因此我想做的事情就是创建这所寺院。"

她提出了一个附带的重要条件，就是她不想出任寺院住持。她将建立寺院并使它能够获得发展，然后她将回到自己今生选择的冥思静修之路上。

令她惊奇的是，大吉镇的修行人听完她陈述的计划后，没有人提出异议。他们给予她所有的最好的祝福，祝福她开始进行这个计划。唯一的问题是，他们都没有多余的经费，因此她必须自己承担这项计划。他们表示，这是一件极其困难的事情，但她并不感到气馁。他们知道，道久迦萨林比丘尼寺院最终会落成，并能够取得很大的成功。

但这项计划实在是雄心勃勃，困难重重。需要多重因素的具备才能使得这项计划最终成功，包括土地使用、建筑许可、建筑计划、各种建筑材料、各行各业专家、金钱等问题，但要完全解决这些问题似乎又是不可能的。这其中唯一容易做的事情就是寻找住在寺院中的人们。丹津·巴默居无定所、一无所有。她离开世俗社会生活已经长达三十年之久，但这些并不能成为阻碍她尝试的理由。她一向有胆量、有信心，对佛、法、僧投入了全部的生命。现在，她走上一条自己最最想不到的道路，她将扮演国际性的募捐角色。她计划只要有人邀请，她就前往做佛法演讲，期望听众席中有人在她的钵中布施几文钱。

14

老师

她在全世界旅行，从一个佛教中心到另一个佛教中心，从一个团体到另一个团体，将三十年来持续修炼所储备的智慧与大众分享，从而获得捐款。

在一些无法预料的转变中，丹津·巴默发现自己逐渐承担起了老师的角色。这种奇怪的发展在她的预料之中，她并不特别喜欢这一点。孤独与闭关仍旧是她的最爱，但建立一所使女性获得开悟的特殊寺院，使她需要很多金钱来购买邻近大吉镇的土地以及建筑材料。金钱的需要促使她必须这么做。

她在全世界旅行，从一个佛教中心到另一个佛教中心，从一个团体到另一个团体，将三十年来持续修炼所储备的智慧与大众分享，从而获得捐款。这是一个缓慢而痛苦的过程，每一次活动都是自愿捐助的性质。虽然她花费了几周、几月、几年的时间来演讲，但她仍然保持着平和的态度与不受干扰的心境。对于每笔捐款，不论它是五元还是五千元，她都给予同样真心的感谢。这项庞大的工作进展得十分缓慢，但她并没有为此而感到忧虑。

她说 ："修行高深的喇嘛已经祝福了我的工作，并说它一定会成功，因此我有信心继续努力下去。"但她还是困惑于自己生活的这种巨大转变，“我也不清楚自己怎么会在做这种事情。如果有人几年前告诉我，我将在全世界旅行并募集金钱，我一定认为他们疯了。但现在，如果我不做这件事，谁来做呢？况且我觉得这是报答喇嘛的方式。”

虽然她的生活道路有些改变，但她的生命之河依旧向前流动，生活的主流没有改变。她一如往昔地顺随命运的自然安排，她人生的每一步都是命运的力量在推动。

一九九四年，她来到新加坡。最初，事情进行得并不顺利，这与她随意选择来新加坡，且没有做充分准备有关。没有人知道她的到来，也没有人知道她是谁，她完全没有自我宣传的经验。正当她陷入绝望之时，邂逅了一位叫王碧丽的中国女性。这一定是一次非凡的重逢，因为王碧丽前晚做了一个格外清晰的梦，她在梦中看见丹津·巴默被穿着美丽丝衣的空行母所环绕。有个声音对她说：“现在是你帮助女性的时候了。”

丹津·巴默将自己建造寺院的计划告诉了王碧丽。此后，王碧丽给她安排了数百场演讲活动。从新加坡，丹津·巴默开始了东南亚之旅，先后到过马来西亚、文莱、印度尼西亚、菲律宾以及中国香港等地，然后她前往英国与法国，再到美国。她在美国同样四处旅行，华盛顿、西雅图、纽约、夏威夷，并且沿着加州海岸巡回旅行。最后，她再次回到亚洲继续旅行。每一处，都有人筹办聚会，都不缺乏集合的场地，更不缺乏参加的人群。她每到一个地方，消息就会传播开来，人群就会聚集起来。这个英国女人在喜马拉雅山洞穴里整整冥思了十二年，人们都想亲眼见见这位非凡的神奇人物，很多人也渴望了解她将如何讲述这种经验。

听了她演讲的人们当然不会感到失望。丹津·巴默虽然不想站在台上，但她完全能够证明自己是一位非凡的老师。她没有演讲笔记，也不用做任何准备，她的话语自然地从心底流淌出来，如水晶一般晶莹剔透。最重要的是，这些话语显示出她心灵的成熟与广阔，以及她在洞穴中得到的经验。她摒弃传统的方法，以一种非常清晰明白的方式直接进入事件的核心。她完全打破了僵化的知识结构与枯燥的理论，将女性的优秀品质全部展现了出来。听众完全接受了她。他们遇见了一位能够以生动流畅的英语传达佛法的人，重要的是她的演讲不是来自教科书，而是来自自己的经验。这种经验很有权威效应。最重要的是，她是穿着僧袍站在讲台上演讲的女性，这一点真是让人感到非常新奇。

这是很多人长久期待的事情。在西藏喇嘛将佛法传达给对其充满渴望的西方人的过程中，他们是以精神力量鼓舞了听众，而不是蹩脚的英文。外在的美好显然需要内在高贵境界的支持，听众才能被他们所吸引。但如何从笨拙的表达与不同的文化背景后面汲取意义，这是不能回避的、令人困惑的问题。由于喇嘛过去都是传法给专门研学的僧侣，他们不知如何将佛法传给普通人，尤其是西方女性。只有那些经过长时间静修、潜心用功的人，或是努力学习藏文的人，才能真正领会藏传佛教的精华。

丹津·巴默的出现将所有的事情都变得容易了。她从西藏冥思中心开始，继而教导禅宗团体、精进的止观修炼者、基督教团体，甚至教导非宗教团体。她将自己的智慧与知识、经验与洞见与大众分享。她在世界各地旅行演讲，影响力愈来愈大，声名愈来愈高。

有一次，在西雅图，一群治疗学家听说她来到此地，盛情地邀请她演讲。他们相信，她的经验能够减轻他们担负的沉重压力。她说："我们的意念就像垃圾，我们每天放进脑中的大部分意念都是垃圾！那些新闻、娱乐、谈话，就像一场场临时发挥的摇滚音乐会，被我们没有选择地吸收进来。问题是，这会使我们疲惫不堪。"她继续说："我祝福你们担任的工作，你们选择它不仅仅是出于谋生的目的，因为世上有很多更容易赚钱的方法。你们选择它，是因为你们有帮助他人的美好愿望。你们是给予者，但给予需要补充，否则你们就会变得像空瓶子一样。我们需要给予，我们也需要吸收。"

她说："当我们需要休息时，一般是打开电视，或是出门闲逛、喝点儿东西。但这些行为只是填塞更多的垃圾而已，并不能使我们获得真正的休息。甚至睡眠都不能让我们的心念停歇下来。为了获得真正的休息，我们必须清扫垃圾，平静内在的噪声，给自己的心以内在的空间。我们必须让心专注于眼前这一刻才能实现这个目的，这是一种最彻底的休息方式。这是冥思与觉知，心念是完全放松与清醒的。"她向他们保证："你们每天只需要五分钟时间进行冥思，不仅会感到非常清醒，而且会感到自己焕然一新。"

她说："人们常常认为自己没有时间'冥思'，这种想法显然是错的！当你走在走廊中时、在等待电脑开机时、在等待路口红灯变绿时、在排一条长队时，甚至洗澡、梳头时，你都可以冥思。你只需要专注在眼前的一刻，不要有分别心。最初时，你一天选择一件事，做那件事时保持当下的专注。早晨喝茶、剃胡须时，也专注于当下，一切都是习惯而已。目前，我们早已习惯了不专心，我们必须培养专注在当下的习惯。一旦我们开始做到它，所有的障碍都消除了。当我们专注于当下时，不会有任何分心的念头，这是一种非常直接的经验，它会使你觉知而清醒。”

每当她到各地演讲时，她总要强调，她在洞穴中的生活并不是唯一的灵修方式。她说：“冥思应该是属于每日生活中的修炼，而不是坐在洞穴中十二年而已。除了生活本身，你又能到何处去学习慷慨、耐心、道德？我在洞穴中静坐听着狼嚎，又能获得多少耐心？”她强调：“佛法的最终是心念的改变，是心的转变。如果只是静坐冥思，却对每日生活中的佛法视而不见，那么人心与意念是不可能得到转化的。”

她演讲时喜欢引经据典，并将自己的亲身经验、听闻的故事，以及现代的生活方式融合其中。“有一部充满佛教意义的电影，内容讲一个人必须日复一日地度过完全相同的每一天。他无法阻止这件事的发生，但他发现自己可以改变对待事物的方式，也就是转化每日的生活经验。他花费了很长时间，逐渐领悟了一个道理，当他不再有憎恨与贪心之念，开始真正为他人着想时，他的生活有了很大的转变。这就像在一部电影开始时，他是学弹钢琴的，而他最后弹的则是奏鸣曲。”

当她面对佛教徒听众时，她会谈论更深入的主题，显现出她的智慧与学问。她说：“我们可以从两方面来理解‘自觉’：一是‘专注’，它像激光一般集中于一处；一是‘觉知’，它的范围比较广大。我们也可以用听音乐来比喻，如果你真正醉心于音乐，就好像被它湮没了。诗人艾略特说：‘沉于音乐深处，你不再是听音乐；当乐音不断持续，你就是音乐。’这种状态是一种专注。但如果你知道自己已与音乐合二为一，这是一种觉知。你们能了解这种差别吗？当我们是觉知的，我们不但知道自己在做什么，同时也清楚地知道自己的各种感觉、情绪，以及身体内外所有的事情。

“我们常常会认为‘自觉’必须是某种更宏大、更壮观的事情，但实质上它往往简单得容易被我们忽略。你以为心灵成长是什么？它不发光，也没有特殊声响。它非常平凡，就在当下。人们往往以为开悟是某种非常遥远的事情，是一种非常伟大的辉煌：它在瞬间转化了一切并带来永远的改变。但事实上并不是这样，它是一种平凡得让你几乎视而不见的事情。它与我们近在咫尺，以至于我们没有注意到它。它是某种不管在何时何地都可能发生的事情，我们一旦发现它，才知道它就在那里。它一直在那里，只是我们内心的眼睛没有睁开。当我们真正觉知这一切后，我们就成佛了。梵语的‘自觉’是‘思姆瑞提’，巴利语是‘萨提’，藏语是‘卓帕’。它们的主要意义都是‘记住’。天主教说的‘处于一种心思集中的境界’。如果我们能够保持‘自觉’，哪怕仅仅几分钟，就算很久了，因为这是一件非常困难的事情。如果‘自觉’与‘记住’是同义词，那‘自觉’的反义词就是‘健忘’。我们可以保持短暂几分钟的‘自觉’，然后我们就不可避免地忘记了。我们怎样才能记住‘要记住’？这是重点所在。但问题是我们有一种非常强大的习性，使得我们缺乏‘记住’的习惯。”

丹津·巴默用一个生动的例子来表达她的意思：“当前，我们的状态就好像通过一副很模糊的望远镜在观看世界。当我们经历某些事时，我们实际上已经有了思想、批判等先入为主的意念。譬如，当我们遇见某些人，我们并不是看见他们的真实情况，而是通过自己的想法来看这些人。我们喜不喜欢他们，我们通过他们想起了什么人，那些人是做什么的。我们并没有通过他们本身来了解他们。我们用相同的态度来了解所有的事情。我们用自己的想法与经验来解释我们周围声、色、味、触等一切事物。

“我们也许会告诉自己：‘这没有什么，它一点儿都不重要。’但实际上我们离真正的经验有很远的距离，我们愈被情况所左右，就愈像一个机器人或一部电脑。有一个比喻既形象又生动，某人‘按了我们的按钮’，于是我们反射性地回应。

“我们必须清晰观察世间所有的事情，必须看见事情的真相，就像第一次看见那样，或像西藏谚语所言：如婴儿一般看见佛堂之上的壁画。婴儿的心念是纯净的，会不带有杂念地看着那些色彩与形状。这应该是我们在每天生活中拥有的心境。”

丹津·巴默保证：“如果我们能够做到不带任何杂念地观察并善待世间之事，我们所处的情况将自然而然地得到转化。”

她的教导不仅清晰明确，而且富有实操性，她运用各种容易让人接受的方式，使“凡夫俗子”们能够开始获得“自觉”。她告诉人们如何注意自己的呼吸、身体和意念。有时，她的声音变得活泼而有韵律，带有跳跃感。当她年轻时，每每有新想法时，她的声音就会变成这样。

她说：“人们有一种根深蒂固的观念，一个人只有空空如也后才能成为一个有灵性的人，很多人是恐惧这种结果的。但事实并非如此，一个觉知的人并不是不再有任何感觉，他的情感也不会变得平淡乏味，他还是有自己的身份、个性，只是你不再相信它们。当我们遇见修行高深的喇嘛时，我们能感觉到他们都是最真实的人。因为存在于我们心中的许多障碍，对于他们而言已不是问题，他们流露出的心念是真实而发自本性的。佛陀的心念并非一片空白，它充满了慈悲、喜悦、幽默，同时也异常聪慧与敏锐，它美妙至极。”

她稍微停顿了一下，用一个比喻来加强说明：“觉知就像是一块冲浪板，如果你是一位冲浪高手，你需要大浪而不是平静的湖泊。浪越大，你会越觉得有趣。密勒日巴曾说：‘骚扰愈多，喜悦愈深。’因为他在浪头之上能够保持完美的平衡。”她又换了一个比喻继续说：“从灵修角度而言，最好是做一只老虎而不是一只兔子。兔子很好又令人喜爱，但它们没有太大的潜力来突破。老虎是非常野性的，但它拥有非常纯粹的能量，如果能善加运用，这正是灵修所需要的。所有伟大的圣人都是热情的，他们只是不会把热情浪费在不需要的地方。他们以内心的热情为燃料，使自己获得最终的开悟。”

她的这些观点，与密勒日巴这位伟大的洞穴冥思者有异曲同工之妙。密勒日巴是噶举派的创始者，他的经验超越了教条主义：

> 长久以来冥思着秘传的真理，
> 我已忘记所有的文字般若。
> 长久以来将每一次新体验，运用到自我的灵修之中，
> 我已忘记所有的主义与教条。
> 长久以来体验了沉默的意义，
> 我已忘记如何追溯动词、名词的根源，以及只言片语的来源。

当丹津·巴默面对悟性比较高的听众时，她的演讲会变得更加丰富、活泼，演讲经常会转变为生动的对谈。

“我们不仅有心念，还有对心念的觉察。觉察心念的存在与纯粹的思考，两者之间有着天壤之别，觉察心念的存在是无限的。我们经常与自己的心念与情绪共通，我们就是自己的心念与情绪。我们快乐、愤怒、恐惧。我们必须学习退后

一步，了解自我的心念与情绪仅仅是心理的一种状态，并不真实。”

丹津·巴默以这样一句话来结束她的演讲：“人必须了解这一点，不与觉知者认同。人必须了解，这个觉知者并不是某个人。”

丹津·巴默已经冒险进入了深奥的哲学领域，听众沉默着，可能正在消化这些令人费解的知识。听众席中出现了一个声音，他非常缓慢地用他的提问来表示他内心的困惑：“我不明白觉知者为什么不是某一个人！”

丹津·巴默用安静的嗓音回答道：“是的！但这是佛陀最伟大的洞见。”

发问者继续说：“当你了解自己不是意念也不是感觉，你认为自己已经开悟了。但当你更深入下去时，你才知道自己并不是觉知者，这时，你会面临一个问题：‘我是谁？’”

“这就是佛陀最伟大的觉悟。他觉悟到，当我们越发地觉知，我们的意识就会变得越发空灵与无垠。我们不再只看见自我，而是进入与所有生命融合在一起的无垠心念中。在我们生存的世界中，你必定会问‘我’在哪里？‘他人’在哪里？只要我们活在相对的意识中，就会有‘我’与‘他人’的存在。这是我们根本的错觉，也是我们问题的重点所在。”丹津·巴默做出了结论，“因为这种错觉，我们会有分别心，这是我们无明的原因。”

这是佛教的精华所在，空性代表着永恒的哲学，它能够治疗所有人类的忧患。

听众席仍然不断有新的问题："那么，这种相对性，这种分别心，它就是我们痛苦的根本原因？它就是人类在生命深处感受到的深刻寂寞？"

丹津·巴默清楚地回答道："当然是。世间万物的产生源于这种相对性。佛陀说，无明不是你在这件事或那件事上于知识上的无知，而是一种没有察觉的无知。我们创造了'我'，那么所有其他事情都是'非我'。其后，我们对'我'想要的其他'非我'的东西产生欲望，并且厌恶所有我们不想要的东西。这是我们的贪婪、厌恶与所有其他不好品质的根源所在，它们都是从这种相对性与分别心的错误认知中产生的。"

"我们一旦了解，超越意念与情绪是生命的本质，而这种本质是无限的，是与所有的生命融合在一起的，那么在这种时刻，那种隔绝、分别、恐惧与渴望的感觉都消失了。这是最大的解脱！"

丹津·巴默如是说，听众必须相信这一点，这是所有宗教中的圣人发现的神秘真理。当放弃自我时，一种合二为一的喜悦就会产生。

当所有人都在品味这种境界的意义时，丹津·巴默停顿了一下说："懒惰是我们追求开悟道路上的绊脚石。"她用自己在洞穴中经历的"失败"来说明："没有其他的原因，只是我们不想回到当下，因为我们被意念的游戏所迷惑。如果一个人真正希望出离，并不只是放弃外在的一些东西，如金钱、家庭等，放弃这些并不是很困难的事情。真正的困难是放弃我们所溺爱的意念，所有快乐的回忆、希望、白日梦，以及其他脑海里永无休止的意念。我们要将它们放下，回到当下，这才是出离。”

她言辞热烈地说：“我们希望获得开悟，但我们并不是全身心地努力，这是一种现状。我们自私地认为开悟是多么的舒适、愉快，但我们无法放弃一切去努力达成。因为我们的懒惰，我们在一分钟之内就能做到的事情，我们反而不做。我们被恐惧与昏沉所迷惑的意念非常迟钝，这就是我们需要修炼的原因，每个佛教徒当然都了解这些原因。我们为何不开悟呢？我们不能怪别人，只能怪自己。所以，我们无法脱离这个娑婆世界，因为我们永远有借口。佛教的道路就是觉醒之路，我们应该将自己唤醒，但继续睡觉的欲望非常强烈。不论我们怎样说愿意帮助众生觉醒，其实我们并不真的这样认为，我们只是喜欢做梦而已。”

这些肺腑之言带给听众极大的震撼，因为每个在场的人都感受到，她的这些话是出自她的亲身经验。

丹津·巴默曾在美国加州一个佛教团体中举行研习会，此次研习会的题目为“如何打开心房”。她对这个题目的感受非常特殊，因为她曾经访问过几个新创的西方佛教中心，觉得非常不温暖。她说：“当我走进去时，感觉气氛不仅非常沉重，而且特别冷淡。我感觉他们虽然谈论很多慈悲与菩提心，但他们的心中没有真正的仁慈，甚至彼此之间都没有。有一些事情是对的，佛法似乎没有在这里起作用。我遇见的一些人虽然认真研究与修炼佛法多年，但他们还是会遇到同样的烦恼。”

她坐在满室的听众面前，试着阐述清楚这种状况：“修炼往往停留在我们身外，这是我们与修行之间的一种基本分裂。我们很难将自我的思想全然放下，只是以思维来接近冥思，我们因此而不可避免地落入相对状态，一个主体与一个客体。修行必须回到心中，必须进入心的深处。其后，主体（我）与客体（冥思）都将消失，我们变成了冥思。这时，会有一种非常深层次的转化自然而然地显现。”

“现在，我们来观看自己的心，深入地观想。我们需要学习回到‘心’中，这是我们的真我存在的地方。当我们指明‘我’，我们实质上指的是自己的心，而不是自己的思维。现实的问题是，我们不能一个飞跃成为冥思本身，因此我们无法转化。慈爱之心应该是非常自发的，是应该连想都不用想就自发拥有的。它不是一种理论或一个理念，它是你真实能够感受到的。打开心房是一件非常真实的事情。”她用一种近乎恳求的语气说完这一切。

其后，她带领听众做了一次短暂的冥思。她双腿盘好，眼睛微闭，双手叠放在脐下。几秒钟后，她的脸上显现出一种平静福佑的神色，嘴角也绽出浅浅的微笑。冥思对她显然是有很大用处的。

她每到一处都受到欢迎，人们期待能从她那里得到更多的智慧，希望能有更多的机会看到她。有一次，她在新泽西州与人们面谈，每次面谈间隔十五分钟，一连进行了六个小时。人们向她请教了很多私人的问题，如事业的困境和精神的迷惑。她认真聆听每一个人的问题，握着他们的手给予真心的劝告，令很多人感动得哭泣。她很有耐心，并且不知疲倦。一个女人问，如何协调佛教非暴力信仰与自己在军中工作间的冲突；一个年轻的比丘尼向她倾诉自己在团体中得不到支持的不快乐；一个圆脸僧人向她倾诉自己的心路历程；一个住在加州的中年女人说自己刚花费了十年时间做心理治疗——治疗因为母亲酗酒感到内疚而患的心理疾病。有一位男士忧虑藏传佛教所言的地狱的可怕，希望丹津·巴默能告诉他死后究竟是怎么回事。丹津·巴默的回答则显示出她即使埋首佛教几十年，还是保持着自己的独立思考。

她说："有一次，我有机会向一位喇嘛请教这个问题。他当时笑着拍我的背说：'不要担心，我们这么说，只是要人们守规矩。'老实说，我并不能认同这种方法。我们对地狱的说法已经够让人难以接受的了，用地狱故事来吓唬人只能取得相反的效果，它只能使人们更容易放弃！"

她继续说："喇嘛们描述的死后状态是对我们今生行为的奖赏或惩罚，这个阶段会持续一段时间，直到我们重回人间、灵性再生。这就像我们今生储蓄金钱，在来世花掉，然后我们必须再回来存钱。其实，我更认同唯心论者的想法。他们相信人死后可以前往许多不同的空间，在那里遇见与你想法相似的人们。唯心论者强调，你死后可以帮助比你不幸的人们，这种善举会使灵性进一步升华。这是我们升华自我灵性的方法之一，即使在心灵的层面，仍然可以培养爱与慈悲。"提问者听完她的回答后，如释重负地离开了。

不但有很多普通听众渴望见她，就连那些有佛法基础的老师面对将佛法传播到西方的种种问题时，也很好奇地想知道她的回答。美国著名的佛教团体创始人之一依凡·兰德就是其中之一。她在美国是深有影响的禅师之一，她热心于女性在佛教中的地位，对与丹津·巴默的交流充满兴趣。

依凡说："我很感谢她是一名女性，并且有信心将佛法的重点以一种人们能够理解的方式传达出来。她非常有天赋，也很理性，我很喜欢这点。"她继续说："现在，女老师的数量迅速增加，当大家以一种不分宗派的方式进行更多合作时，我们都将获得更大的信心。这种合作是一种高层次、富有创意的过程。"

加州的帕登·卓玛喇嘛说："丹津·巴默不是平凡的人物，我想她有与生俱来的纯净心念。"帕登在美国跟随卓越的卡鲁仁波切完成了三年的团体闭关，获得了"喇嘛"的称号。她曾邀请丹津·巴默到她创立的位于旧金山的基金会演讲。帕登说："丹津·巴默的人生对我而言是很有启发的。她做了三十年的比丘尼，这件事本身就是一项非凡的成就。她的奉献精神令人肃然起敬。你从她身上可以看到佛法的真正作用。她是个温暖、自然的人，我在她身上感觉不到太多的自我。她同时也是一位非凡的老师，她能用一种非常直接且有意义的方式将佛法传达给他人。很多人都希望听她演讲，我们无奈地拒绝了其中一些。"

丹津·巴默的教学无疑是成功的，她有愈来愈多的追随者。她的名声越发远播，但只有她自己没有被这个新创的事业深深打动，这几乎是一种讽刺。她能够很容易地变成一位上师，这是个显赫的地位，但不是她想要的。

她坦承道："我不喜欢教学的原因是它并不能给我带来快乐。当我在教学时，我心中常常会想'你在做什么'。因此，我想这也许是不对的。当然，我遇见了很多日常生活中难以见到的人，他们每个人都非常和善，我与很多陌生人都成了朋友。但同时，我也处于不同的人生状态中，我通过教学学到了许多事情。事实上，我常常觉得自己学到的比受教的人还多。我学会了用新的方式来观察事情，但这不是我在余生想完成的事。"

目前，她继续做着这件事。她有一份工作，这份工作满足了他人的一种需要。她必须回应其他女性在探求开悟的道路上遇到的问题，因为她发了菩萨愿：帮助苦难众生得到解脱，将他们安置在快乐之所。做这些事使得她的心越发博大，她最初以女性之身寻求自身的解脱之道，现在无私地帮助其他女性达到相同的目标。

丹津·巴默是西方世界中发现佛法的先行者之一。她出家为尼，在冰天雪地的喜马拉雅山上居住，已经近五十岁了，却仍然担任着先行者的工作。这一次，她的计划更加宏大，因此她并不急，只是偶尔会叹口气，然后继续前行。

15

挑战

一九七七年，丹津·巴默已经独身守戒达三十三年之久。当她年仅二十一岁时，就曾做出非常彻底的决定，生活中不再有任何形式的性接触与性满足，任何亲密的安慰都将不再属于她，而做出这一切牺牲是为了修行的信仰。

丹津·巴默从一个山顶洞人变成了乘坐喷气式飞机的人。她从完全静止转变成以近乎疯狂的速度周游世界，她从完全沉默转变成现在的连续几小时不停地说话。她从最简单的生存方式跳跃到参与二十一世纪的万事万物。她于一九六三年前往印度，现在又重返世界，而这个世界已今非昔比。她亲眼见到了生活压力之下的恐慌感，以及失业、无家可归等社会现象。通过传媒，她更是直观地感受到犯罪率的升高、暴力的增加、毒品的问题。她目睹朋友们为了赶上时代步伐而必须不断地奔波。她注意到世界各国政府为了经济发展都放弃了为大众服务的原则。现在，人们只有付出高昂的代价才能获得一些安静、一些空间、一些时间与没有被破坏的社会生态。在这个越发物化的现代社会中，她亲身体验到精神价值的极度匮乏。

她说："世人太饥渴了，在拉乎尔的生活虽然很艰辛，但生命是精彩的，人们都在追求生命的意义与深度。当人们的感官无法满足时，他们会要求更多，会变得充满欲望，并且会很沮丧。他们觉得凡事都是徒劳无功的。你获得了希望的一切，然后呢？社会给你的答案是永远不要满足，但它能带给你什么？我在世界各地看见隔绝的状态，这与孤独没有丝毫关系，这种隔绝源自一种疏离的心态。”

还有些事情比丹津·巴默自身的故事更重要。二十世纪九十年代中期，西方世界刚刚结束对佛教的最初认知期，进入了以一种比较冷静与成熟的态度来观察这个复杂、奇异的宗教的阶段。佛教如暴风雨般席卷西方世界是无可争议的事实。来自美国、加拿大、新西兰等地，属于各种年龄阶层与职业的思想人士都深深地敬畏佛教的深奥与喇嘛们的品质。因此，世界各地迅速增加了很多佛教中心。但当最初认知期结束后，早期的弟子们在经过三十多年的研究与修炼后，开始反省这种移植到异域的宗教的实际情况，人们无法再无视这种矛盾与瑕疵。东方风俗也许禁止对宗教组织与领袖的直接批判，但西方人没有这种顾忌。当丹津·巴默重回这个世界时，佛教的一些不同层面正被公开挑战着，这些挑战影射着丹津·巴默所选择的生活方式。

一个很广泛的挑战就是对独身守戒所产生的极端怀疑。丹津·巴默对这个问题亦有很深的感受，这是她非常困难的个人选择。今天，独身守戒还有它的意义吗？这是一件令人渴望的事吗？还是一件不可能的事情？

丹津·巴默对独身守戒持肯定的态度。她坚信：“独身守戒仍然是非常重要的事情。它不但会让你的身体得到解放，同时也会让你的心念保持清醒，这是它存在多年的道理。当你对性关系不重视时，你的能量将被导入另一个更高的方向。它同时会让你的情绪获得自由，使你培养起对每个人的大爱，而不只是对家庭与周围朋友的小爱。当然，这不是每个人都能做到的事情，因此就会产生很多问题。有太多的男人成了佛教僧人，因为出家会导向一种好生活，而他们也真正具有奉献之心。”

丹津·巴默不可能没注意到当她身在洞穴时，这个世界发生的性革命。当她回到这个世界时，她又怎能对它视而不见？电视、电影、报纸、广告，以及每条大街报摊的各种杂志上，都充斥着各种赤裸的身体。性的禁忌真正解除了，为了证明这点，大家都毫无顾忌地讨论、展示、传播着性。T恤上印着保险套的标志，性工业取代了卖淫业，人们不再“做爱”，而是“享受性”。猫王的时代，一张唱片就能使年轻人激动万分，而那种岁月如今已经一去不复返。

丹津·巴默说：“西方无疑沉迷于性，认为你活着不能没有它。如果你没有性就会遭到反对，你一定是有问题的。这真是荒谬不堪！我认识一些成就很高又富有生命力的人，他们一直保持节欲。当我对比大吉镇的僧人与社会人士时，发现他们在肉体与精神品质上相差甚远。僧人看上去健康、清明、快乐，社会人士则往往非常憔悴与疲惫。你从他们的眼神中就能看出这种差别。当然，这仅仅是一种概括的说法，但十分恰当。”

一九七七年，丹津·巴默已经独身守戒达三十三年之久。当她年仅二十一岁时，就曾做出非常彻底的决定，生活中不再有任何形式的性接触与性满足，任何亲密的安慰都将不再属于她，而做出这一切牺牲是为了修行的信仰。现在，她仍然很孤独，从好的角度而言，这是一种需要勇气的选择；从坏的角度而言，这与自然规律相违背。那个拥有一群男朋友的女孩子到哪里去了？丹津·巴默说：“我想她已经变得宽容了。我喜欢音乐，喜欢置身于美丽的景物中，喜欢陶醉于艺术中，喜欢与朋友在一起，喜欢尽情地欢笑。这些都是我本性的自然流露，我不再像以前那么严肃，我也不再视‘那个女孩’为一种威胁。”

丹津·巴默对自己的独身守戒并无遗憾可言。“我感觉非常好！现在，我对男人就是没有那种想法。他们了解这一点，说我是他们遇见的唯一不带性想法的女人。无论怎样说，这就是我。我喜欢男性的陪伴，我也有很多男性朋友。实际上，我觉得男人很有趣，我爱他们（我也觉得女人很有趣，我也爱她们）。身为比丘尼的喜悦之一，就是能够与男性在某些方面的关系更加深入，因为他们不觉得被威胁。他们能够坦诚地与我交流，甚至告诉我一些极度隐私的事情。其实，他们到底是男性还是女性于我而言已经不再重要。至于身体的需要，这是我在寺院岁月中拒绝的部分。现在，这种需要更是早已离开了我。如果人们希望拥抱我（美国人经常如此），没有问题。但他们如果不拥抱我，这也很好。在我看来，人生中除了性之外，还有许多其他重要的事情。”

当丹津·巴默为传播佛法而进行全球旅行时，那些新弟子开始试验性地传播“西方佛教”，将佛陀智慧的精华从东方文化的包裹中抽离出来，使之更加适合被西方文化接纳。这与最初吸引媒体注意的轰动事件相比，是更加宁静、更具有深远价值的开创性革命。它暗合了佛教的发展史与传播史。长久以来，佛教在亚洲被从一个国家传播到另一个国家。佛教思想具有广阔的包容性，它形式多变，能够与不同的文化产生融合。因此，日本佛教与斯里兰卡佛教非常不同，依此类推，斯里兰卡佛教与泰国、缅甸、越南、藏传佛教又非常不同。在形式之下，佛法是相同的：轮回之苦，以及必须寻求的解脱之道。现在，经过了两千五百年，佛教潮流势不可挡地传播到了西方，并且登陆欧洲、澳大利亚、美国等地，这些地区与国家各自拥有独特的文化与心理背景，每个国家都赋予佛教以不同的特性。

现在，一些资深的学生开始重写礼拜仪式，尝试运用西方听众比较能够了解的语言来阐释和传播佛教。他们寻找更合适的教学方法，将古老的真理变成现代化的内容。这是一件需要缓慢进行的精微工作，绝不能在倒掉洗澡水时将孩子一起倒掉。同时，具有影响力的西方思想，开始以一种富有生命力的方式与东方宗教互相融合。这不但是东方与西方的相遇，也是西方与东方的相遇。不仅将慈悲化为行动（不仅只是静坐），更是积极提倡社会服务的精神。佛教救济院、临终疗养院、麻风病诊所、无家可归者收容所等慈善机构如雨后春笋般产生。佛教中心所进行的减轻压力的静坐、咨询辅导服务、戒除吸毒与饮酒过度的课程都很受欢迎，并且他们还能够提供如荣格、弗洛伊德等西方哲学大师的智见，以及其他的心理治疗法。他们为古老的佛法增加了新的意义，这种工作正在很多地方积极展开，一种新形式的宗教正在逐渐成形，这是个令人兴奋的时代。

丹津·巴默没有其他的选择，她不可能离开藏传佛教最纯粹的形式。她在观察这些变化时多少有些困惑："我相信西方将对佛教产生非常重要的影响。西藏是一个非常独特的环境，藏传佛教对西藏而言是非常理想的宗教。但佛教在西方面临的情况明显是非常不一样的。佛法必须改变，这种改变指的当然不是佛法要义，而是它传播的形式与呈现的方式。

"我认为巧妙地融合一些心理学原则将会非常有意义。我喜欢真正地走出去帮助他人、参与社会，而不只是单纯地静坐。这是运用实际的方法把心打开，它很适合西方世界。实际上，它与佛法一点儿都不矛盾，它一直都在那里，只是需要挖掘而已。当佛法与人们的某种心理状态产生共鸣时，佛法就会拥有不同的形式。如果必要的话，佛法将适应每个国家。

"对于西方而言，现在还是最初期。佛法经过几百年的时间才在西藏生根。我们还没有西方佛教，直到一些西方人前去求法，将佛法吸收消化并以一种适合西方人的形式传回，佛教才可能在西方生根。"

然而，丹津·巴默的故事，却给西方女性主义带来了最有趣的褒奖与最尖锐的挑战。

16

疑问

许多人对超越物质世界的事物视而不见，这是我们所处时代的悲哀。在贪婪、暴力与无知四处横行的黑暗时代，有一些品质可以平衡所有的沉重与黑暗，幽暗中的微光是多么重要。

当丹津·巴默秘密地前往洞穴，近乎偏执地追寻信仰之路时，西方女性正忙碌地进行属于她们自己的革命。当她离开洞穴时，这些女性已经迈出了重要的步伐，进入了男性公开与隐秘的大本营，并将她们坚定自信的目光投向男性占据的最后堡垒——宗教，佛教当然包含在内。佛教相信的是没有性别之分的绝对境界，但佛教与世界上所有重要的宗教一样，是由男性以男性法规在男性统领世界的时代设立的。但新制度取代旧制度，时代的飞速改变，使得一些新兴的女佛教徒开始对一些传统、古老的基本法规产生质疑，而这些都是丹津·巴默所忠实跟随的法则。新兴的女佛教徒开始要求佛陀有比较女性的面容。

这些问题不仅涉及的范围极广，而且极其尖锐。男性体系已经存在了数千年，它的结构是金字塔形，领导人居于顶端地位。为什么不把领导人放在圆中间，其他人以等距离围绕于外？礼拜的地方为什么永远是线形建筑，而不是比较体现女性原则的圆形与螺旋形？为什么在修炼中不能包含养育的品质？为什么超越物质世界的理想永远被称颂，而身体与具体化的神圣性却不被重视？尘世生活为什么不能与非物质世界一样神圣？为什么不能更加尊敬人际关系？宗教绘画中的女性为什么永远都是背向观众？这是否在暗示她们扮演的角色是低于男人的？实际上，她们与男性在灵性开发的过程中占有同样重要的地位。

对于丹津·巴默的修炼方式，她们不免发问：洞穴修炼是否必要？她们认为，洞穴修炼是属于男性的特权之一，而对于女性而言，孩子、配偶与家庭的羁绊，使得这种修炼方式几乎是不可能的。男人可以离开家庭，如同佛陀当年一样去进行长期的独修，以寻找心灵升华的机会。而女性却不能够这样做，或者是不希望这么做。

母性带来尘世上所有的生命，包括佛陀、基督，以及其他所有的圣人，为什么视这种天性为障碍？她们说，洞穴或者森林茅屋实际上是号召人们完全地放弃世界，这是一种源远流长的父系社会理想。

如同其他领域的女性主义者，追求灵修的女性也期望能够得到一切，包括心灵与家庭、洞穴与厨房。为了实现这个目标，她们在修炼中并不放弃孩子与家庭。她们视情绪治疗为一种冥思方法，而不是修炼的敌人。

她们积极行动，修改祷辞与仪式中歧视女性的语言。她们追求灵修的本原，与静坐的大殿或遥远的喜马拉雅山洞穴相比，厨房同样是获得开悟的好地方。这种革命式的做法将给佛教带来全新的改变。

这项运动的先行者是美国女性苏崔·亚瑞安尼。她于一九七〇年出家，四年后还俗结婚生子。她创作了《智慧的女性》一书，这是本颂扬女性主义在佛教中地位的书籍。其后，她在科罗拉多州设立了度母曼达拉闭关中心，她依照前所未有的、实验性的大胆作为来提高女性在佛教中的地位。她的经历最能说明两种不同的生活方式是怎样影响她的人生的。

我与她在西雅图一间普通的阁楼上谈话，她在当地发表演说与放映幻灯片，内容是近期访问印度与尼泊尔的女性圣地。她说："我还俗是因为我当时是美国唯一的西藏比丘尼，感觉非常孤独与隔绝。当时我二十五岁，我有性欲，独身生活使我觉得压抑。结果，我从一名比丘尼转变成母亲、作家，仅仅用了一年的时间。这种经验非常富有冲击性，对我而言这种决定绝对是最好的。我从最初所有时间属于自己，变成自己没有一点儿时间。我曾经想要克服嫉妒、愤怒，以及所有不好的情绪，但现在，我必须直面这些不好的情绪。当我是一名比丘尼时，我是被保护的，感觉不到这些情绪。我必须更深入这些不好的情绪中，观察它们，直面它们，不回避它们。如果我一直当比丘尼，我可能会变得很自负，以为自己已经超越了它们。"

苏崔·亚瑞安尼在五年内有了四个孩子（其中一个孩子不幸夭折），这份经验使她坚决反对"当母亲阻碍灵修进步"的僵硬权威说法。她说："到底什么是内心的开悟？我们应该扪心自问。母性的冲击，正如爱与牺牲自我的力量。男性界定了究竟什么是开悟，它们因此而让人高山仰止，甚至高不可攀，它们不是具体化的经验。

“母亲的天性代表着一种不执着。作为母亲与居家者完全具备一种真正了解人类处境的特质，出家人反而对此无从知晓。作为母亲，我经常从幻觉中清醒过来。我选择自己如何失败，而不是如果我失败了。”

她认为洞穴修炼是完全没必要的，这一点是不容置疑的：“我相信女人完全可以在家庭中获得开悟，这是密法所示之理。有一个故事说，一位女人在每天的提水中进行修炼。有一天，她不小心把水弄翻了，在那一瞬间，她的心念完全打开，蓦然间体验了开悟。密法的教导，其实来自一个在家团体对寺院的抗议活动，最后，两种不同的想法和形式完全可以并存。人们既可以跟随密法的模范，也可以跟随寺院的模范。”

在度母曼达拉闭关中心，苏崔·亚瑞安尼开始采用圆形礼拜厅的观念。佛坛置于大厅中心，容纳了二十一位女性度母的形象。“当你走进一个带来圆满感觉的空间时，那种感觉很难用语言形容，但每个人都会觉得非常不一样。因为现在还是最初阶段，所以没有人会知道女性将如何改变佛教，我们从来不曾生活在一个女性被尊重的社会，所以将来会发生什么情况也是一片未知。女性从父系社会的阴影下艰难地迈出一小步，这是非常有趣的时代。”

依凡·兰德是美国很有影响的禅师之一，她曾邀请丹津·巴默到她位于加州的禅中心进行一次周末的研习会。依凡亦有自己的切身感受，她知道渴望灵修的女性面临的重重困境。她在创立这个属于自己的禅中心之前，曾担任旧金山禅中心委员会的主席，而那个职位与她母亲的角色是有着直接的冲突的。

她说："身为女性，人们期望我担负太多的责任，但我强烈地感觉到自己像是二等公民。人们对单亲妈妈的困难并不太了解，他们常常因为我修炼不够认真就责备我。譬如，我必须在清晨就到禅堂打坐，这给我带来很大压力，因为早晨的修炼，我只能把小孩独自留在公寓中。"

她最后终于想通了，这些她努力跟随的法规不过是来自日本人的心态，并不是佛教本身。参加正式的团体修炼与在家修炼是一样的。她说："我终于觉悟，我是命中注定的在家修行人，我是不时参加寺院修炼的家庭主妇。平生第一次，我了解到自己究竟该怎样参与、配合修炼，这种解脱让我感到身心自由。"

她对女性在家修炼能够做到多好有很多体悟。"我对开悟并不了解多少，但我坚信女性能够不断进步。当我开始体验'回到当下'时，当我不再背负昨天或是两岁时的包袱，我有可能获得解脱。最重要的是坚持，如果你选择了一项修炼，譬如'自觉'的修炼，你必须经常练习，每天坚持做十二次将会非常有效。再如，有一个很棒的小练习，叫作'半带微笑'，嘴角微微上翘，维持三个呼吸。如果你一天做六次或六次以上，你的身体与意念将在三天之内有惊人的差别。你可以在任何等待的时间内练习它，当你在打电话、在小商店、在飞机场、在等红绿灯时。”依凡说这些时，口气与丹津·巴默非常相似。

她说：“我们在家进行修炼的方法有很多。你可以修炼耐心，或者在克服障碍中锻炼你的心。我曾经陪伴将死的人，直至死亡来临，这是不同凡响的教育。我不但了解无常、呼吸与心念之间的关系，而且了解到人们活着的方式将决定他如何死。那些我们活着的问题将在我们死时出现。当你选择了修炼方法并修炼多年后，你可以不断地练习，直至你对修炼的方法已经熟悉至极，你不需要增加新的方法。作为美国人，显而易见的缺点就是不够谦虚。我们永远焦急地希望在最短的时间内获得一切。”

作为修行人与家庭主妇，依凡拥有这两个角色已经超过了三十年。她郑重声明，在厨房洗碗的生活自然有它的危险性，虽然这种危险性与面对饥饿与野兽相比充满了戏剧化，但它绝对是一种真实，你必须以相同的勤勉与恒心才能做好这一切。她说：“应该把什么事情摆在第一位，以及一种不愿意放弃事情的心态，这是两个最主要的困惑问题。因为想把所有事情都做好，最后却变得狼狈不堪。我要修炼、研究与教学，同时还要照顾家庭与丈夫。我已经不太出门，实际上，我每天早晨五点就起床，晚上七点半就睡觉了，变得像一只公鸡一样有规律。这种安排对我而言还不算太困难，因为我的孩子现在已经长大，而我的丈夫也修炼佛法。每天清晨独处的时间对我具有非凡的意义。我静坐、经行、守戒、不妄语、不杀生、不偷窃。我坚持修炼已经很长时间了，它们已经变成了我生命的一部分。”

不但女性修炼者提出挑战的问题，男性修炼者也在挑战洞穴修炼的价值。教导止观修炼法的杰克·孔弗尔是美国著名的静坐法师之一，他介绍“闭关几个月”与“入世几个月”的观念，而不是在孤绝的地方坚持闭关数年。他同时提倡当闭关结束时，要有一个过渡阶段。他的论点是，长时间脱离主流生活的冥思，使人再度融入社会会面临种种问题。他说，许多西方人尝试长久地闭关，但发现西方人大多在心理上不适应这种严格简朴的修炼。长期的孤独闭关会导致孤绝状态与精神疾病。

另一位英国著名的佛教老师史蒂芬·伯奇勒也同意这种观点。他曾出家十年，在他尚未成为最著名的佛教徒怀疑论者之一时，就曾公开质疑佛教的一些基本教义，如轮回思想。他是丹津·巴默的朋友，他适时地发表一些意见，如：深度修炼是否需要前往洞穴？

他说：“这种问题不能一概而论，它与前往洞穴的人的性情密切相关。认识丹津·巴默是非常有价值的事情，她能带给人一种强烈的启示。她非常温暖、外向，积极参与人生。但她与大部分独居隐士有很大区别，那些人通常是内向又否定世界的。我记得，有些闭关者的心理状态很不稳定，长时间完全孤独的闭关使他们精神失常。人们闭关是为了解决不安全与隔离感，最后却取得相反的效果，陷入精神失常的状态。你必须具备某种心灵的力量才能应付这种孤绝状态。”

史蒂芬作为一名僧人当然会坚持闭关，他曾经在三年内，采取三个月闭关、三个月入世的方式。他了解这种修炼将引发的精神异常，他坦诚地说："你必须克服内心的恶魔（如果你心中有任何恶魔的话），这是非常有价值的。你与自己抗争，必须用自己修炼的方法来体验实相。漫长的闭关会侵蚀我的信仰。"他继续说："我在禅寺中整天问自己'我是谁'，闭关是为了使我忘掉固有的知识或经验，这一点与丹津·巴默的方式非常不同。学习禅宗并不需要对特殊的某位老师表示忠诚。丹津·巴默的最大力量之一，就是她对上师与自己进行传承的伟大信心，毫不顾忌地说，我无法想象这样一种信心。"

这一切，使丹津·巴默在洞穴中十二年的非凡坚持与努力陷入了危险的境地。她是否浪费了生命？她能够在伦敦或阿西希做同样伟大的闭关吗？她是否生错了时代？她二十岁时如果没有前往东方，她会做出不同的人生选择吗？丹津·巴默像以往一样坚持自己的立场，她对洞穴生活持有坚强的信心。

她说："许多人对超越物质世界的事物视而不见，这是我们所处时代的悲哀。在贪婪、暴力与无知四处横行的黑暗时代，有一些品质可以平衡所有的沉重与黑暗，幽暗中的微光是多么重要。在我的心目中，孤独的冥思者如同灯塔，将爱与慈悲照射给这个世界。因为他们的光芒很集中，所以威力非常强大，他们如同发电机一般满足非常的需要。"

她说："我在环游世界的旅程中曾遇见一些人，他们告诉我，我在洞穴中的生活给他们以很大的鼓励。我曾收到一个女人的信，她的儿子因艾滋病即将病逝。当她在极度的抑郁中苦苦挣扎时，她想到了我在洞穴中的坚持，这使她获得了安慰。许多人过这种冥思生活都能带给他人安慰。我认识的一些天主教徒，因基督徒为世上罪人冥思祈祷而获得鼓励。人们应该知道，这些洞穴中的冥思者并不是为了自己，而是为所有的生命在进行冥思。”

丹津·巴默的话语与东方古老的谚语不谋而合：如果缺少了冥思者为全人类的幸福祈祷，太阳将不会每天清晨从东方升起。十七世纪法国哲学家帕斯卡也说过，世界上所有的问题都源于人们无法安静地坐在房中。

对于丹津·巴默这样的女性而言，她的选择并不是太困难。她从不曾渴望有孩子，她从不知母亲那种天性得不到满足的痛苦。她不曾同许多女人那样，在母亲角色、家务压力，以及灵修的呼唤下努力地寻求平衡。

苏崔·亚瑞安尼作为西方世界的一位母亲，允许孩子在她静坐时间进来（孩子爬到她身上），是她解决这个问题的方法。其他一些女性在黎明前起床，在送孩子去上学之前做晨间修炼。至于其他的一些修炼，则只能在煮饭与洗衣之间想办法做到。等孩子们上床睡觉后，她们再做最后的晚间修炼。西藏著名的女瑜伽士玛奇歌·拉布中为了专心修炼，索性把孩子留给丈夫几个月。事实上，母亲的角色对灵修进步到底有无裨益呢？

丹津·巴默的回答是：“我们在不同的生命阶段中做不同的事情。我们应该观察，在今生被召唤做的是什么事情。如果我们在亲密关系或家庭生活中能够学习得更多，那为了理想而出家为尼或做隐士就是十分荒谬的。你在母亲的角色中也许能培养出各种品质，而这些是你在寺院生活中无法获得的。母亲角色与修道并不矛盾，绝对不矛盾！修道的方法与道路有很多。但如果你是一位母亲或职业女性，同时你却希望能够坚持像隐士那样修炼，那这就是空想了。如果女性选择了生育孩子，她们应该培养以家庭为道场的修炼方法，否则她们会遇到很多困难。”

她说：“实际上，所有事情都要靠人们的坚持、努力，以及灵活的把握。不论他是僧侣、比丘尼、隐士、家庭主妇、职业男性或女性，在某种层面上而言，这是完全没有关系的。不论你在何时何地，都可以打开心房，回到当下。如果你能够在每天的生活、人际关系、工作与家庭中保持觉知，那么不论你身在何处，都是没有关系的。在西藏，甚至那些获得虹光身的人通常也都是非常平凡的，没有人知道他们是修行人。实际上，在任何情况下都能实现的修炼才是真正的修炼。”她停顿了一下，进一步说：“在一个脱离外在与内在分心事物的有益环境中，从事高深的修炼当然会变得容易一些。佛陀因此创造了僧团。我们必须承认，非常亲密的关系很容易使人分心。”

丹津·巴默是想通过这项重要的补充告诉我们，许多灵修虽然可以在家庭或办公室完成，但洞穴仍然是开悟的温室，很多人都认同这一看法。

她说：“洞穴修行的最大益处是在一定的时间与空间内

无比的专心。这些修炼极其复杂，包括细节的观想、内在的瑜伽练习与咒语，都需要许多时间与孤独的培育。这些是不能在城市中完成的。进入闭关就像是给食物一次被烹煮的机会。”幽默的是，她用厨房来比喻要表达之意，“你必须将所有原料放入锅里慢慢烹煮，你必须让热度持续保持，如果你不停开锅或关掉火，食物当然永远煮不熟。闭关就像置身在一个压力锅里，所有东西都烹煮得特别快，因此，闭关生活值得推荐。”

她说：“你不必一生都闭关。即使是短暂的闭关也是很有帮助的，也是极其有益处的事情。人们可以在一段时间内享受安静与孤独，观察自己的心，真正了解自己。当他们不再为扮演母亲、妻子、丈夫、做事业的人、别人的好友的角色而奔波劳碌时，才能够真正单独地面对自己，才能够观察所有面具后真正的自我。”

根据这个观点，丹津·巴默认为，隐士生活或洞穴生活永远不会像一些人认为的那样变成古老的观念。只要有她这种渴望追求孤独内心道路的信仰者存在，他们心甘情愿地拒绝世俗生活的喧嚣，那洞穴生活将永远以一种或另一种的形式存在。她与其说是在发问，不如说是在郑重声明：“追求生命真相是老式做法吗？只要人追求的开悟是正确的，那么洞穴生活当然也是正确无疑的。”

丹津·巴默曾遇见很多热心赋予佛陀以女性容貌的新女性，她十分欣赏这些人的努力。她说：“这些女性努力进行的这些改变，将成为西方世界对佛法的最伟大贡献之一。”这些年来，她与努力致力于这种改变的女性保持着一种很有趣的关系。她们的目标一致，共同希望在灵修面前给予女性同样平等的机会。她们都痛恨父权社会潜藏的对女人的憎恶，她们都追求独立，不论遇到多少困难都勇往直前。当她们面对不公时，同样都会直言不讳。但丹津·巴默与她们还是有所不同，她并不认同这些女权者们经常采用的正面攻击方法，她认为那些是没有多少效果的。她用一种批评的语气，告诉女权者们以下这段话。

她说：“我总是与这些愤怒的女权者们发生分歧。她们的思想中充满了愤怒，当她们认为某件事不公平时就会义愤填膺。她们对男人有极大的愤怒，男人仿佛是所有恶事的凶手。坦诚讲，我认为这些愤怒对事情不会有什么帮助。我告诉她们，愤怒只是愤怒，我们仅仅是利用愤怒来为负面的情况找一种借口辩护。我们的内心储满了庞大的愤怒，不论我们的愤怒将冲向何处发泄，只能是火上浇油。如果我们以愤怒的心来面对事情，直接的后果就是迎来对方的敌意与抵抗。佛陀说，仇恨无法克服仇恨，仇恨只能被爱征服。

“无可置疑，男性的的确确曾做过一些很不好的事情，但女性也经常协助并怂恿他们。如果你能很客观地观察这种情况，你会发现，女人经常是被女人所压制。不是男人反对女人，而是女人之间相互斗争。毕竟，最反对妇女参政的就是维多利亚女皇！如果女人能够团结一心，男人对女人是无可奈何的。整件事情并不是把男女两性置于两极，而是它的问题本身有很多复杂性。”

丹津·巴默的言语充满智慧。如果过去几千年来的父系社会，是最初的大地女神所统治的母系社会的相反力量（许多印度学者如是说），那让这个极端的钟摆复归原位，又有什么意义呢？

如果一个新秩序已经不可避免地成为事实，那男性与女性（以及东方与西方）之间的平衡显然是最好的答案。由于丹津·巴默的言语有道理，这些新女性对丹津·巴默的智慧言语充满敬佩，并表示她们不曾从这种角度来考虑事情。

丹津·巴默认真地思考过自己对待这种事情的解决方法。这是一种安静许多的解决之道，体现了传统的佛教价值观。“整件事情应该建立在公开交流、耐心、妥协、深度的平静，以及一颗温暖柔软的心上面。佛陀说，我们必须爱众生，那就没有理由与众生为敌。”她特别提倡一种安静的、柔和的声音，“你当然可以大声说话，但你首先必须检查自己的动机。它是出于愤怒，还是源于对其他女性的爱以满足她们的需要。如果是源于坏情绪的愤怒表达，只会得到更坏的结果。”她强调这种观点，然后又说，“另一方面，我们也不必虚情假意。”

她真正了解具有灵性力量的女性是何种容貌。她最喜欢皮耶洛·狄拉·法兰西斯卡画的圣母像。圣母站立着，宽大的外衣打开着，庇护着下方广大的众生。她说：“圣母直视着观画者，可以看出她是非常有力量的女性，不仅坚强、有信心，而且也不假笑、不生气。她是爱、慈悲、庄严的化身。”

丹津·巴默停顿了一下，又说了这样一段话：“我心目中的完美女性形象是什么样的呢？我认为，她具备稳定与强大的内心力量。当你具备了这些时，你就具备了自然的强大力量，人们就愿意跟随你。我将鼓励道久迦萨林比丘尼寺院的女性培养这些特质。”

丹津·巴默心怀这份梦想，安静地环游世界并继续前行，为这个可能实现的比丘尼寺院积极募捐。

17

今日

丹津·巴默置身于一个非常奇特的位置上，与二十世纪社会流行的获得与满足的想法正好相反，她没有房子、家庭、保障、伴侣、性关系、养老金，她没有积聚的需要。她只拥有僧袍、睡袋、一些经书、几样私人物品等基本的生活必需品。

距离我在意大利帕麦亚小镇广场第一次见到丹津·巴默，并开始缓慢而又理性地书写她的人生故事，至今已过了数年之久，许多事情在时间之中都无可挽回地改变了。丹津·巴默失去了一些刚从洞穴出来时焕发的光芒，但她的眼睛还是那么明亮，她的神态还是那么充满生命力。这些年的四处奔波、长期教学，让她付出了代价，这是个漫长而又艰苦的过程。到我写作时，她已募集到足够购买土地与建设地基的资金。对任何人来说，这都是非常大的成就。而对于一个一无所有、没有职业募捐者帮助的女性而言，这几乎是个不可能的奇迹。道路对她而言还是极其漫长的，她仍旧需要继续旅行，以募集更多的资金，并开始建设寺院。虽然这个过程极其缓慢，但她丝毫不忧虑，从不曾失去耐心或者急切地想完成这件事。她对这项计划没有丝毫私人的野心，从某个层次而言，她一切顺其自然。

她坦承："我已将生命交出去，我的生命真正属于佛、法、僧。只要是有利于众生的事情，我都愿意去做。何况，我发现如果按照私人的想法去推动事情，所有事情都会很不对劲。”

当她将自己全部交给佛陀时，她生命中的难题就自然而然且奇妙地得到了解决。只要她有时间，人们都愿意与她在一起。他们提供机票、房子、食物、交通工具、金钱，以满足她对物质的需要。丹津·巴默认为事情就是这样，真正的僧人生活是没有保障的，依靠的是自然而然的布施。她过的并不是寄生虫的生活，这一点与西方人的想法相反，她生活在信心之中。耶稣也说：“不要忧虑明天的衣食。”我们应该有信心，如果我们真心修炼，我们就应该有信心不会被饿死。我们不但会获得物质的帮助，而且在方方面面都会得到帮助。

丹津·巴默完全生活在信心之中，她置身于一个非常奇特的位置上，与二十世纪社会流行的获得与满足的想法正好相反，她没有房子、家庭、保障、伴侣、性关系、养老金，她没有积聚的需要。她只拥有僧袍、睡袋、一些经书、几样私人物品等基本的生活必需品。有一次，她买了一个在她看来很奢侈的旅行用的脖颈枕头，但不久就弄丢了。她笑着说：“这是我应得的，因为我对它太执着了。”她的银行存款始终很微薄。她始终对用于宗教的金钱持非常谨慎的态度，她绝不会动用盖寺院的捐款。即使是出门募捐，她也不用这些钱当旅费。她虽然一无所有，但始终心怀希望。她对金钱没有什么兴趣，她快乐地打开钱包，尽自己所能把钱布施给有要求的人。她追随自己所向往的出世生活，这种生活充分证明简单能够带来心灵的平和与快乐。

我与她在世界各地旅行，亲身体验到她是一个奇妙的矛盾集合体，亲眼所见她是一个谜一般吸引人的形象，她真的很难被完全呈现出来。她显然是脚踏实地、言语朴实的人，但同时她好像是属于另一个世界、濒临死亡的人。她的目光似乎经常会凝视着一个大部分人视而不见的遥远地平线。她没有丝毫抱怨，甚至会很享受地花几小时甚至几天的时间等候飞机、事情或人，令人误以为她是消极的、十分容易被支配的。但如果有一件她关心的事情陷入危急之时，她会比任何人都强烈地应对并有极强的决心。她率直地告诉所有人，他们为什么不应该吃肉；当大家谈到感恩节的火鸡时，她只能无可奈何地叹息；当她看到钓鱼书籍摆满书架，她会公然表示出不满。

任何人在宗教问题上反对她，她都会在表示同情之余，用她的逻辑与修辞能力让对手无处逃避。她非常和善，也非常谦卑，但她有某种特质使人感到敬畏。她有时看着你，或者你刚告诉她一些自己认为很重要的事，她身上的特质会使你觉得自己真是个小孩子。

她还有一些超越常人之处。她的教学课程排得很紧，也很有效率，但她的步伐是放松的、缓慢的，有一种气定神闲的感觉。她似乎超越了二十世纪九十年代的社会风潮，人们在那个时代认为忙碌比较好。你必须一周工作六十小时，闲暇时前往健身房，否则就是浪费了生命。现代观念认为只是坐着望向窗外便是一种罪恶，她对这种想法毫不理睬。因此，她与簇拥在她身边的人群形成了强烈反差。那些人情绪消沉、身心疲惫，而她却如一片安静的绿洲。她教导“存在”经常胜过“行动”。利用时间给予自己安静并思考，比起疯狂地利用每分钟工作，是更有益于未来生活的。

她最非凡的特性是她自然而然的、明显的合群个性。她处在很高的位置上，与数千人相见，但她对周围的人群并不厌倦。她的朋友圈广极了，人们一旦与她成为朋友，她会永远记得他们。她与童年朋友及全家人都保持着密切的联系，她温暖真诚地善待周围所有的人，特别是那些一心向道的人。她从不疲倦地用心聆听他人的苦衷并给予忠告。然而有一点你必须清楚，如果永远不会再见到你，她也真的不会想念你。她不需要感情这点令人不安，因为人是喜欢被人需要，喜欢谄媚的。但她永远不是这样，这是她努力修得的“不执着”，这使她可以在世上自由漫游，亲密关系不再是她的羁绊。

她说：“我不认为这种状态是件坏事，它不表示你没有爱与慈悲，不表示你不在乎，它只代表着你不执着。你与某人在一起也许充满喜悦心，但如果没有这种感觉，你也不会受什么影响。人们，特别是家人对你的不执着也许会感到很生气，但这只是因为他们始终不明白什么是爱，什么是执着。”

当她前往北印度森林葱郁的大吉镇时，她仍然去拜访年轻的坎初仁波切。他现在已经是一位庄重的少年，但还是有些害羞。她教他英文，试着将西方思想浸润到他严格与隔绝的世界中。现在，她最伟大的良师已经逝世，她觉得自己是被另一个源头所引导。她说：“我想，我是被空行母所引导。”她指的是那些强大的女性精神力量，她与这种力量密切地融合在一起。

在更广大的女性佛教徒世界中也发生了一些改变。一九九三年以后，比丘尼的待遇开始得到一些改进。一群修行高深的比丘尼开始环游世界弘扬佛法，在祈求世界和平的时轮金刚法会中，用沙粒制造曼达拉。按照传统，这项工作原本是由僧人来执行的。

但这条道路还是极其漫长的。现在，大寺院中很多穿着僧袍的形象中还是难觅女性。而新被指认的转世大师与执掌传承者都是男孩，这一点是让人沮丧的，因为还是没有任何希望打破父权社会制度。而大部分东方人，对于一个女人可以获得开悟的想法，将还是难以置信。

这些年来，丹津·巴默比丘尼已经成为一种传奇、一个偶像。当她出现时，西方的比丘尼都会对她充满敬畏。一位女性用自我的亲身经历证明男性们都错了。一位女性（而且是西方女性）完全孤独地在洞穴中生活了十二年。她认真地闭关冥思，不曾改变自己的计划。其后，她用智慧的言语启发那些在家与出家的人们。丹津·巴默已成为世界各地灵修女性持火炬的模范者。

如果她允许自己拥有一些对未来的计划，那么毋庸置疑只会有一个，那就是开悟，这也是她一生的计划。这个目标还是坚定地耸立在她内心深处，一旦比丘尼寺院建设完，她就要返回洞穴修炼。只有这样，她才会觉得自己走过的道路是圆满的。她离开世界，回到世界，再离开世界，孤独恒久地追随内心生活。虽然有很多新观点认为在世俗生活中同样可以获得开悟，但丹津·巴默仍旧觉得洞穴是与现代世界有联系的，那是她最终归属之地。

她轻柔地表示："我希望自己能够进入非常深层次的觉悟。我所有的老师都认为闭关是我这一生最重要的事情。当我在闭关中时，我从非常深的层次能够觉知到自己是在一个正确的地方，从事一件正确的事情。"

演员兼虔诚佛教徒理查·基尔最近表示："大多数西方人在洞穴中都要得脑癌。我们非常喜欢活动，必须将力量发泄出去。我们之中，具备在洞穴中进行灵修力量的人真的很少。"丹津·巴默无疑是极其特殊的一个。

丹津·巴默是具备进行深度灵修力量的人，她声称自己要走的路还很长："我觉得自己还没有开始，心中还有许多必须超越的障碍。你知道，灵光乍现是远远不够的。你必须坚持修炼，直到真正的开悟降临。这就是需要如此之长时间的原因，十二年、二十五年、一辈子，甚至几生几世的生命轮回。"

然而，她不会再回到拉乎尔那个洞穴中了。她表示，她的肉身已老，无法再忍耐喜马拉雅山的残酷环境，也无法再像从前那样背负着十五千克的物品穿山越岭。无论如何，她已经告别了高山上的老家。她于一九八八年离开后，当地没有一个比丘尼或僧人有愿望或勇气去那里修炼。这个洞穴因此被拆掉了，门窗被拿到山下的城镇里使用，石头被散放回原处。那个悬壁重新显现出来，在好几年的时间里，没有人会坐在那里，种花草，或是祈祷。但几年后，这个洞穴又重新出现了一段时光。有一位德国比丘尼爱迪丝·贝曲决心在那里修炼，她于一九九五年将那个因丹津·巴默而闻名的洞穴进行重建。她将前面的墙壁向外推移，新增加了一个房间，以及一个独立的厨房，外面还建了厕所。洞穴面积比原来扩大了许多。但爱迪丝只在洞中修炼了一年。她得了癌症，最终死在山下的一个寺院中，享年只有四十三岁。当地人见证了爱迪丝初来乍到时的情形，她最早脾气极坏，经过十二个月的闭关，她虽然生病了，但看上去却平和而又安详。她很安静地离开了这个世界。这个洞穴似乎又发挥了它的魔力。

对丹津·巴默而言，她未来的洞穴将是象征性高于真实性。她沉思着说："它极有可能仅仅是一个闭关小茅屋，在一个安静、祥和，并不远的地方，获得生活必需品不会很困难。它也许是某人土地上的一小间隐士居处，或者任何地方，但它肯定不在英国！因为英国还是没有给我回家的感觉。我的未来洞穴很可能在东方，我始终觉得我将在东方离开这个世界。"

其实身在何处并不是重要的事情。丹津·巴默不论将在何处闭关，她心中只追求一个目标：以女人之身继续追寻证悟之道。